JN176665

ACP

アクティブ・チャイルド・プログラム

子どもの
心と体を育む
楽しいあそび

はじめに

筆者が小学生の頃は、メンコやけん玉といった伝承遊び、なわとびやゴムとび、ろくむしやリレーなどの運動遊びをして日が暮れるまで遊びました。そこには同学年の子どもだけではなく異学年の子どもが集い、上級生は下級生を思いやり、下級生は上級生に思い切り挑戦していました。小さな社会の中で体力・運動能力を高めるとともに、社会性も育んでいたと言えます。

20年前に岐阜県の小学校教員として勤務することになった筆者は、初任校の子どもたちの地域・家庭での遊びの質が、昔と比べて大きく変化していることに気づきました。「身体活動を伴う遊びではなく、テレビゲームやポータブルゲームで遊ぶ子どもが増加し、その結果として心身に関わる諸問題が顕在化しているのではないか…」という問題意識をもちました。当時は業前運動として、なわとび運動と持久走が一斉指導の中で行われており、筆者はその取り組みの効果に疑問を抱いていました。体力つくりを目的として強制的に運動をさせることで、子どもは運動嫌いになると感じたからです。そのため、職員会において異学年集団で身体活動を伴う遊びを行う「自由運動遊び」を提案し、実施しました。

十分な結果が出たのか検証しないままに異動となり、やや不完全燃焼の思いがありましたが、5年前に文部科学省委託事業として日本体育協会が開発を進めた「アクティブ・チャイルド・プログラム」(以下、ACP)の取り組みに参加させてもらうことになりました。ACPは運動遊びを通して、子どもの体力・運動能力の向上を目ざすプログラムです。20年前の著者の思いと重なる事業でした。この事業では、成果物としてガイドブックとDVDを作成しています。これらは単なる運動遊びの「How to」を示しているのではありません。なぜ運動遊びが必要なのかを明確に示し、その指導の実際についても具体的に紹介しています。 そして現在、幼児期に焦点を当てたACPの研究が進められており、間もなくその成果物が日本体育協会から示される予定です。

本書は、ACPをより多くの指導者に知ってもらうことをねらい、平成26年10月まで2年3ヵ月にわたりコーチング・クリニック（ベースボール・マガジン社）で連載した内容に加筆・修正を加え、整理したものです。ACPのガイドブック、及びDVDの内容をさらに詳細に解説しています。すなわち、ACPをより深く理解し、子どもたちにとって意味のある運動遊びの実践を進めようとする方の解説書と言えます。

1章では、運動遊びの必要性を身体的効果、心理的効果から述べています。加えて近年クローズアップされている幼児期の問題についても触れています。2章では運動遊びの実践事例を紹介しています。3章は運動遊びの具体例を示しています。42種類の運動遊びを紹介するとともに、その身体的効果、アレンジの仕方も詳しく紹介しています。そして4章は指導者の疑問に答えるQ＆Aとなっています。きっと読者の皆さんのACPへの理解を、これまで以上に深めてくれることでしょう。

本書が多くの指導者、保護者、教員を目ざす大学生のみなさんの手に取られることを望んでいます。そして、皆さんのACPの実践によって、子どもたちが嬉々として運動遊びに没頭してくれることを切望しています。もしかしたら、筆者が見た30数年前の遊びの風景が少しでもよみがえるのではないか…、そんなことを期待して止みません。

本書はACPの作成に関わった多くの先生方にご執筆いただいています。書籍化に当たっては、ベースボール・マガジン社の光成耕司様と朝岡秀樹様に大変お世話になりました。また本書では素敵な運動遊びのイラストがふんだんに使われています。筆者らのイメージ通りにイラストを描いてくださった丸口洋平様にも感謝しています。本当にありがとうございました。

2015年1月　佐藤善人

目次

編著者PROFILE

佐藤　善人（さとう　よしひと）
岐阜聖徳学園大学　教育学部　准教授。1972年神奈川県生まれ。1995年鹿児島大学教育学部卒業。2008年東京学芸大学大学院教育学研究科修了。修士（教育学）。岐阜県小中学校教諭、東京学芸大学附属大泉小学校教諭を経て現職。専門は体育科教育学。日本全国で体育授業づくりに関わるとともに、「遊びの伝道師」として運動遊びの大切さを伝える活動をしている。主な著書　「第3版　小学校の体育授業づくり入門」（学文社）、「だれでもできるタグラグビー」（小学館）

青野　博（あおの　ひろし）
公益財団法人日本体育協会　スポーツ科学研究室　研究員。1974年三重県生まれ（広島県育ち）。1997年順天堂大学スポーツ健康科学部卒業。2000年順天堂大学大学院スポーツ健康科学研究科修了。文部科学省委託事業「子どもの発達段階に応じた体力向上プログラム開発事業」に携わり、現在は「アクティブ・チャイルド・プログラム」の制作メンバーとして普及啓発に取り組む。

共同執筆者（執筆順）

窪　康之（くぼ　やすゆき）	国立スポーツ科学センター　スポーツ科学研究部　研究員
吉田　繁敬（よしだ　しげよし）	心理カウンセラー/東山スポーツ少年団
内藤　久士（ないとう　ひさし）	順天堂大学大学院　スポーツ健康科学研究科　教授
春日　晃章（かすが　こうしょう）	岐阜大学　教育学部　准教授
佐々木玲子（ささき　れいこ）	慶應義塾大学　体育研究所　教授
伊藤　信子（いとう　のぶこ）	北名古屋市立五条小学校　養護教諭

（役職：2015年2月現在）

装丁・本文デザイン：黄川田洋志（ライトハウス）

第一章

理論編

第一章
理論編

総論

アクティブ・チャイルド・プログラムとは

青野 博

1 はじめに

文部科学省の報告によれば、子どもの体力・運動能力はここ10年ほどの間に一部の種目や年齢でやや向上の兆しが認められていますが、20年ほど前に比べるときわめて低い水準にあります。特に、「走る」「跳ぶ」「投げる」などの基本的な運動能力において、その傾向が顕著に表れています。また、ほとんど運動しない子ども（1週間の総運動時間が60分未満）の割合がかなり高いことが指摘されています。

現在の子どもを取り巻く環境について、一昔前に比べて大きく変化した結果、身体活動の必要性の減少、知育偏重に伴う運動時間の減少、少子化や遊びの多様化（全身運動の激減）などが指摘されています。また、安全で自由な遊び場を確保することが難しく、これらが子どもたちを外遊びから遠ざけていると解釈されています。そして、身体を動かす機会の減少は、単に体力の低下のみならず、肥満、各種アレルギー、不定愁訴、ストレス増加による心の問題などにも、影響を与えていることが予想されます。

子どもたちが、心も身体も健康で、いろいろなことにチャレンジする「元気な子ども」として成長していくためには、まず「積極的に身体を動かす子ども」を育んでいく必要があります。そこで日本体育協会は、「子どもの発達段階に応じた体力向上プログラムの開発事業（文部科学省委託事業）」の一環として「みんなで遊んで元気アップ！アクティブ・チャイルド・プログラム」を発行しました（小冊子。日本体育協会ホームページでも公開＝215ページ）。まず、この概要について紹介します。

2 子どもの身体活動の意義

～子どもの身体活動ガイドライン～

発育期の子どもは健全な発育発達のため、すなわち、身体の基礎（神経・筋肉や骨格）や体力・運動能力を高めるため、身体活動による運動刺激を得る必要があります。また、身体活動は、子どもの精神的発達にも影響を及ぼすとされています。日本学術会議健康・生活科学委員会健康・スポーツ科学分科会では、「子どもを元気にする運動・スポーツの適正実施のための基本指針（2011年）」において、以下のように表明しています。「幼児期から学童期の子どもの身体活動は、遊びを通じてさまざまな工夫を行う能力や、コミュニケーション能力の発達にも重要な役割を果たす。とりわけ身体を活発に使う遊びは、運動に付随する身体感覚を用いた情報の取得・伝達能力の発達を促進するものである。したがって、身体活動を含む遊びの減少は、対人関係や対社会関係をうまく構築できない子どもを生むなど、子どもの心の発達にも重大な影響を及ぼすことになる」

さらに、子ども時代の身体活動は、子ども時代の健康に貢献すると考えられます。同様に、大人になってからの身体活動は、大人になってからの健康に貢献します。そして、子ども時代の身体活動や健康は、大人になってからの身体活動や健康に影響を及ぼします。すなわち、子ども時代の身体活動は、その年代の健康に関係するだけでなく、大人になってからのライフスタイルや健康にも影響すると考えられます（**図1**）。

そこで、日本体育協会では、子どもの身体活動ガイドラインとして、1

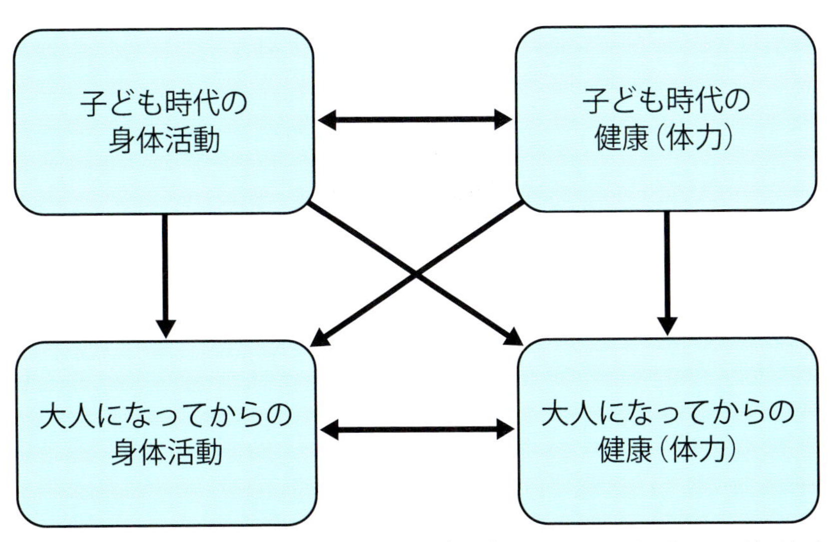

Boreham C. and Riddoch C.（2001）The physical activity, fitness and health of children. J. Sports Sci., 19:915-929. 一部改変

図1　身体活動と健康（体力）のもち越し効果

日にトータルで60分間以上、身体を動かすことを提案しました。この身体活動は、身体を使った遊び、掃除など家の手伝いやスポーツを含みます。この取り組みを通じて、単に体力テストの成績を向上させるだけでなく、心身の健康にさまざまな効果が期待されます(**図2**)。

3 基礎的動きを身につけることの重要性

子どもの発育発達には個人差があります。したがって、発育期には量的な評価だけでなく、動きの質も観察することが重要です。そして、個々の質的な評価に基づいた指導が求められます。

運動パフォーマンスは、身体がもつ能力(身体資源)を、いかに使うことができるかによって決定されます。すなわち、運動に必要な身体能力と、その能力をうまく使いこなすための神経系の機能によって決定されます。現代の子どもたちは、身体サイズは大きくなっているものの、身体をコントロールする能力が育っていないと考えられています。事実、身のこなしが下手、動きが未熟といった、自分

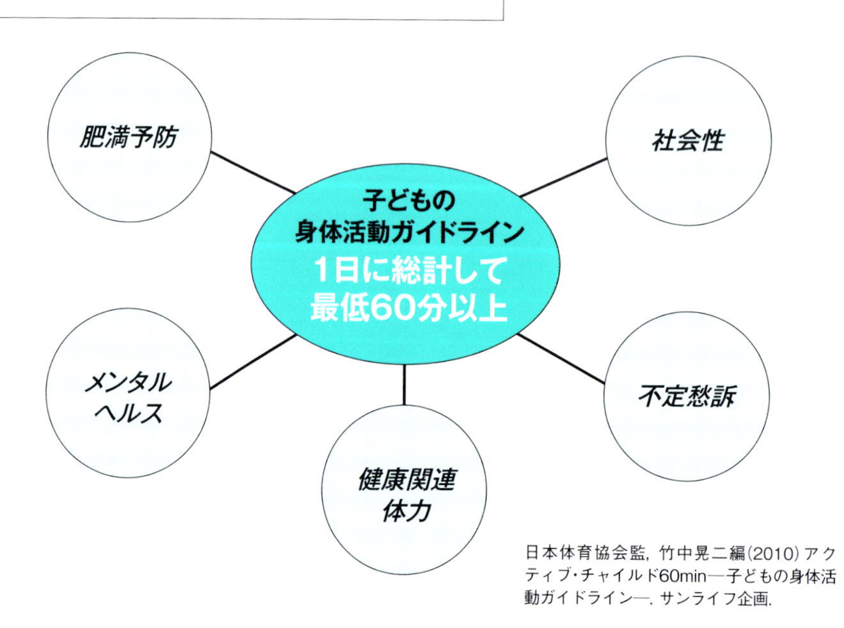

図2 子どもの身体活動ガイドライン

の身体をうまくコントロールできない子どもが多く見られます。こうした神経系機能の低下が、日常生活やスポーツにおける身のこなしに反映されます。そこで我々は、動きの質（の低下）に注目しました。

動きの質的な評価とは、動きを評価する際に、動きの結果として表れた量だけでなく、動きの質を評価する方法です。「How much」だけでなく、「How to move」といった評価の仕方が必要であると考えます。**図3**は、子どもの動きを質的に評価・指導する際のモデルを示しています。指導に臨む際、まず準備段階として指導に関する知識を得ようとします。すなわち、「何を教えたらよいか？」「どのように教えたらよいか？」「そもそも子どもとはどのような存在か？」といったことに関する知識を得ようとします。次に、ある目のつけどころをもって、子どもたちを観察します。これが、後述する動きの質的評価観点となります。そして、その評価観点に基づき、指導するポイントを見極め、実際に介入指導していくこととなります。こうした過程により、初めて子どもの発育発達に応じ

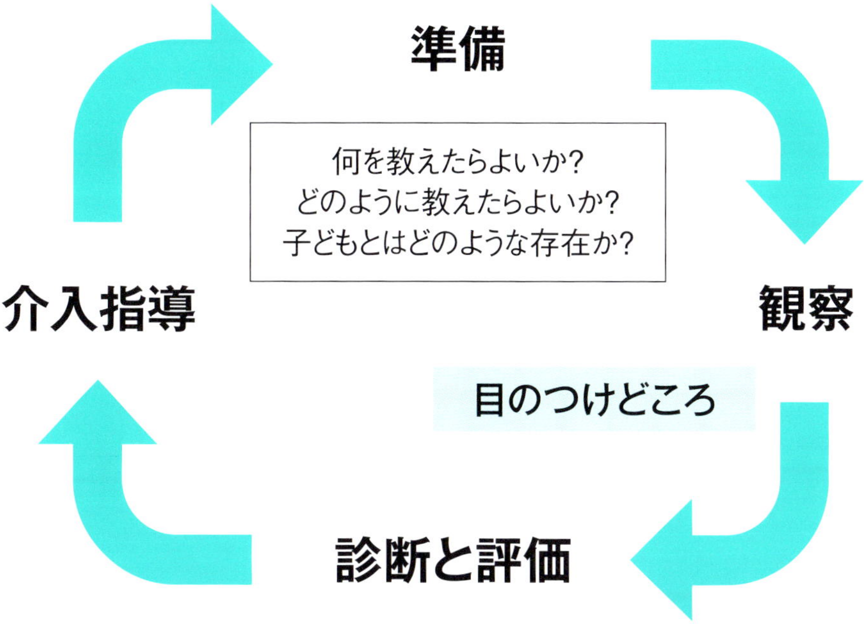

Knudson D. and Morrison C. (1997) The Role of Models in Qualitative Analysis. In: Qualitative Analysis of Human Movement, Human Kinetics, pp.15-31. 一部改変

図3　動きの質向上のための指導サイクル

た効果的な指導法を見つけることが可能であると思われます。

実際に動きの質を評価する方法を紹介します。ここではスペースの都合上、「跳ぶ」動作についてのみ示します(**図4**)。動きの評価は、全体印象と部分観点とで構成されます。全体印象は、「A:良い」、「B:まあ良い」、「C:良くない」の3段階で、部分観点はそれぞれの部分の動きについて着目し、「○:できている」か「×:できていない」の2段階で評価します。

人間の動き(動作)は、日常生活に必要なものから、外遊びやスポーツを楽しむために必要なものまで、多岐にわたります。本来、子どもは日常生活や外遊びを経験するなかで多くの動きを「自然」に身につけていきますが、今の子どもがおかれている環境は必ずしもそうではないようです。したがって、子どもを育んでいく立場にある大人(教師、指導者、及び保護者)は、子どもが多様な動きを身につけられるように導いていく必要があると考えられます。特に、神経系機能の発達が著しい幼少期は、多くの動作を獲得し、さらにその動きが洗練され、上手になっていく時期です。この時期には、多様な環境で、できるだけ多くの動きを、自分の身体で経験することが必要です。そこで我々は、動きの質を高める運動プログラムとして、「遊び」の効果に注目しました。

4 遊びプログラム

アクティブ・チャイルド・プログラム(以下、ACP)では、30種類の遊びプログラムを紹介しています。子どもたちがこうした遊びを体験することで、楽しみながら身体を動かし、結果として、多様な動きを獲得し、基礎的な動きの質(出来栄え)を高めていくことが期待されます。各プログラ

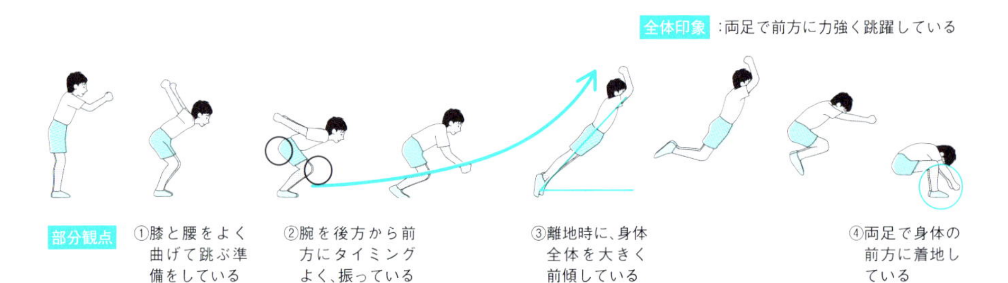

図4 動きの評価観点

ムには、効果が期待できる運動要素を記載しましたが、プログラムのなかの動きは多様であり、そのほかにも多くの要素が含まれます。指導者は、遊びの楽しさやゲーム性を確保するとともに、子どもたちの個々の動きにも目を配るようにしましょう。

指導のポイントとして、効果が期待できる遊びの要素を理解した上で、遊びのなかの子どもの動きを観察し、運動の量や質(出来栄え)を把握することが挙げられます。こうした取り組みにより、子どもの達成度に応じた効果的な指導法を見つけることが可能になると思われます。

身体を使った遊びは、基礎的な体力や動きの発達に寄与するだけでなく、人間関係やコミュニケーション能力が育まれるなど、子どもの心身の発達に効果的であることが知られています。しかし、これらの効果はあくまでも活動の結果として得られるものであり、子どもへの働きかけとしては、「遊び」の要素をふんだんに取り入れて、身体を動かすことそのものに魅力を感じてやる気にさせることが求められます。

子どもたちには、「楽しそう」「やってみたい」と思わせ、実際にやってみたら「面白い」と感じさせるための工夫が必要です。そのため、子どもが程よい緊張感をもって楽しめることが重要になります。子どもたち全体に対しては、ルールや遊び方を工夫することで「難しすぎず、簡単すぎず」という活動(課題)を提案し、子どもたち個々に対しては、発育発達や体力・運動能力による差が明確化しないよう、ハンディキャップの設定やグループ作りなどに配慮します。時には、子ども同士で相談しながらルールや作戦を考えるなどの工夫も必要です。そして、子どもたちにさまざまな遊びを紹介するとともに、指導者自身も子どもたちと一緒に遊ぶ機会をもつことで、身体を動かす遊びの楽しさを認識していただきたいと思います。

5 場・仕掛けの重要性

大人は、健康増進や体力向上という「目的」のための「手段」として、身体を動かすことにさほど抵抗感を覚えませんが、同じような考え方で子どもにアプローチをしても十分な効果は期待できないと考えられます。子どもは何かのためにではなく、その活動に興味をもてば、まずやってみようとします。そして「面白い」と感じれば、夢中になってその活動を続けます。外遊びやスポーツに消極的な子どもは、必ずしもその活動自体が嫌いというわけではなく、能力差などにより、初めから結果(勝敗など)が明らかな活動に「面白さ」を感じていないことが、インタビュー調査からも明らかにされています。子どもの身体活動量を増やすためには、まず「楽しそう」「やってみたい」と思わせ、実際にやってみたら「面白い」と感じるための工夫が求められています。

さらに、子どもが活動的になるか否かは、子どもを取り巻く人的環境、すなわち友達や大人(保護者、教員や地域の指導者など)に大きく依存することが知られています。また、子どもの身体活動と大人のサポートに関する研究では、子どもの身体活動量を高めるために、「行動実践に対する励ましや賞賛」「適切な場所への送迎」「一緒に身体を動かす」「お手本を見せる」という4種類のサポートが効果的であると報告されています。これらの観点に基づいた身体活動の習慣化を促すアプローチについて、**表1**に示します。

ACPでは、家庭、地域及び学校における具体的な実践事例を紹介しています。詳しくは後段に譲りますが、前述の観点やこうした事例を参考に、それぞれの地域や環境に応じたオリジナルな「場・仕掛け」を構築していただければと思います。

- 1日のどこで60分以上の身体活動を確保するかを明確にする
- 目標の設定やグループ学習を取り入れる
- 運動遊び(伝承遊び)を教える(伝える)
- 授業の初めに簡単なストレッチ運動などを取り入れる
- 遊具の設置、レイアウトを工夫する
- 地域のイベント・活動を有効活用する
- アウトドア活動に家族で参加する

表1　身体活動の習慣化を促すアプローチのヒント

なぜ今、遊びが必要か

青野 博

1 はじめに

子どもの体力に関する文部科学省の調査結果によると、ここ数年は体力の低下傾向に歯止めがかかり、一部の項目では向上する傾向が見られています。しかし、最も体力が高かったといわれる昭和60年頃に比べると、依然として低い水準にあります。

また近年は、子どもの運動習慣（及び体力）における２極化傾向（スポーツをする子どもとしない子どもとの２極化）が問題視されており、運動習慣のない子どもを対象とする取り組みが求められています。

そこでACPでは、日頃から運動・スポーツをしていない子どもへの働きかけとして、身体活動が豊富で多様な動きを含む運動遊びを提案しています。

2 子どもの身体活動の現状と課題

子どもの身体活動量の減少が問題視されて久しいわけですが、その実情はどうなのでしょうか。**図5**は、小学生の１週間の総運動時間についてその分布を示したグラフです（なお、このデータには、通学と体育の授業の時間は含まれていません）。男女と

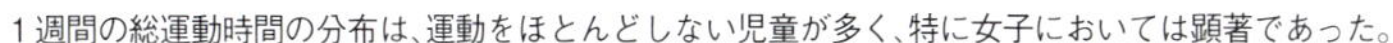

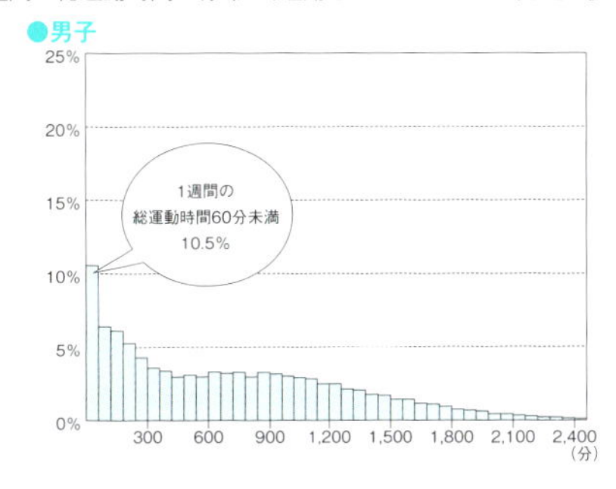

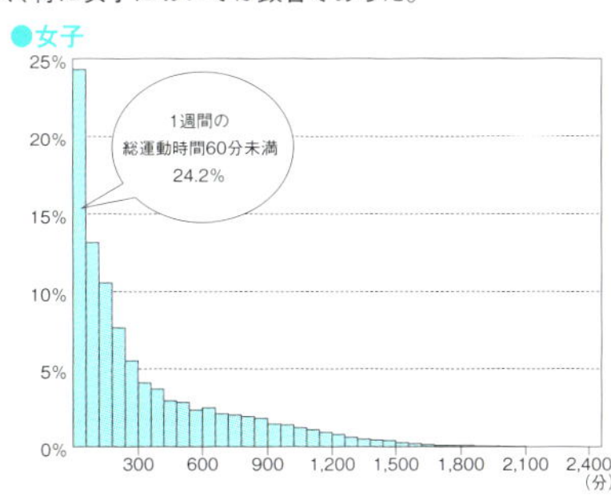

図5　1週間の総運動時間の分布　　文部科学省（2010）平成22年度全国体力・運動能力、運動習慣等調査報告書.

も、1週間の総運動時間が60分未満、すなわち、ほとんど運動しない子どもの比率が最も高く、特に女子においてその傾向が顕著でした(男子:10.5%、女子:24.2%)。もちろん、すべての子どもが運動・スポーツから遠ざかっているわけではなく、積極的な子どもは以前にも増してスポーツクラブなどで活動しています。いわゆるやりすぎの問題も否定できませんが、ここでは、ほとんど運動しない子どもに注目することにします。

成長期にある子どもは、体力の向上に関する取り組みだけでなく、よりよい生活習慣を身に付けることも重要です。また、生活習慣は単独で考慮するのではなく、それぞれが連鎖するものと考えられます。したがって、どこか1つでも生活習慣を改善することで、生活全般に良い影響をもたらすことが期待されます。例えば、運動遊びによって力を出し切ることで、早寝→早起き→朝ごはんと連鎖することなどが期待されます

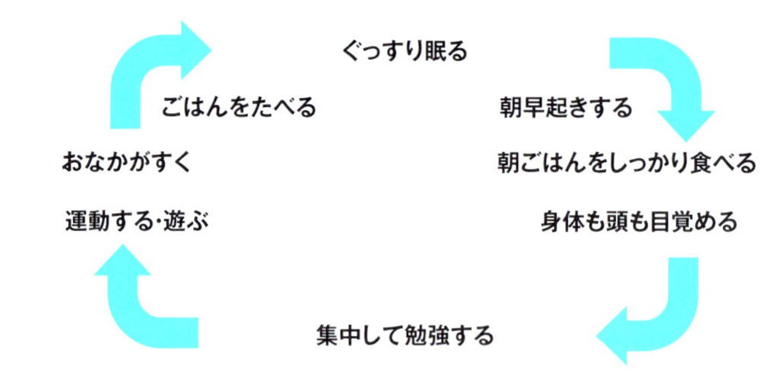

図6　生活習慣は連鎖する

男女とも、総運動時間が長い児童のほうが、体力合計点が高い傾向が見られた。

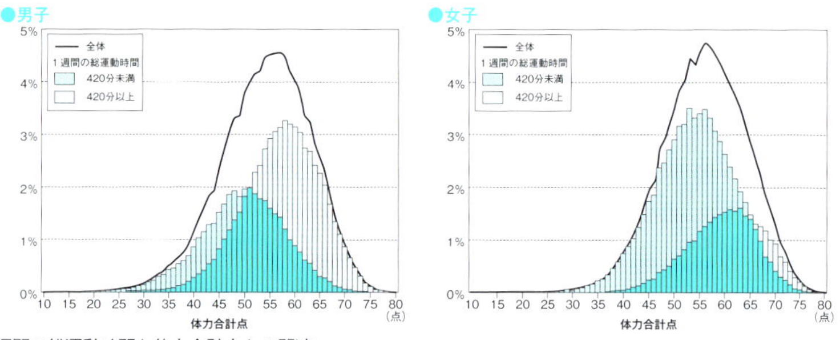

図7　1週間の総運動時間と体力合計点との関連
文部科学省(2010)平成22年度全国体力・運動能力、運動習慣等調査報告書.

(**図6**)。

日本体育協会では、子どもの身体活動ガイドラインとして、1日に総計して60分以上身体を動かすことを推奨しています。**図7**は、1週間の総運動時間と体力テストの合計点との関係を示しています。1週間の総運動時間が420分未満のグループと420分以上のグループとに分類し、両グループの体力テストの合計得点の分布を示しました。1週間に420分、すなわち1日に平均して60分を閾値として、両グループを比較したところ、1日に平均して60分以上運動しているグループのほうが、体力が高いことがわかります。

表2　子どもの体力低下とその原因

① **身体活動の必要性の減少**
② **車社会の加速**
③ **知育偏重に伴う運動時間の減少**
④ **少子化ー全身運動の激減**
⑤ **遊びの多様化**

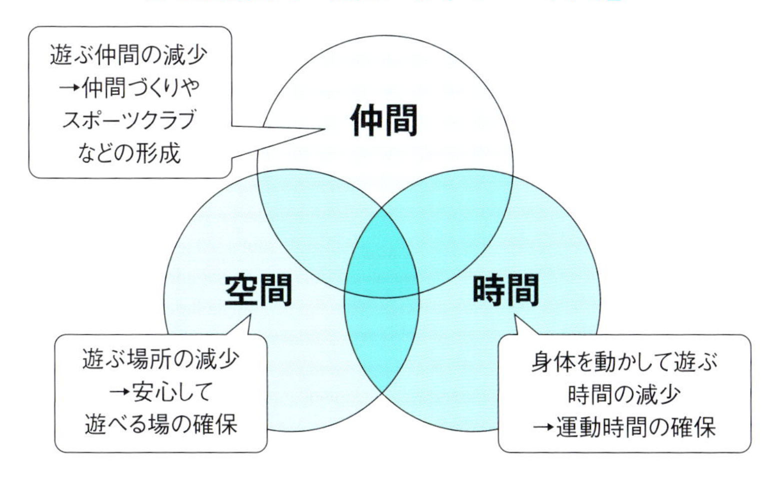

図8　体力低下に関わる「3つの間」

3 子どもを取り巻く環境要因

では、なぜ現代の子どもたちは、運動をしないのでしょうか。**表2**には、現代社会における子どもの体力低下について、その主な原因を示しました。子どもたちの興味や関心は、社会環境に応じて変化するものですが、こんな時代だからこそ、子どもたちが積極的に身体を動かすことができるような取り組みが求められます。

また、現代社会では、子どもの体力を向上させるために、3つの"間"が重要であると考えられています(**図8**)。これらを改善することが、子どもの身体活動を確保することにつながると考えられます。

ところで、前述の文部科学省の調査によると、ほとんど運動をしていない子どもの運動・スポーツに関する意識・意欲について、その特徴が報告されています。1週間の運動時間に基づいて3つのグループに分類し、それぞれのグループにおける特徴を**図9**に示しました。「運動やスポーツが好きか」という質問に関して、ほとんど運動していないグループ(1週間に60分未満)の3分の2が、「好き」または「やや好き」と回答しまし

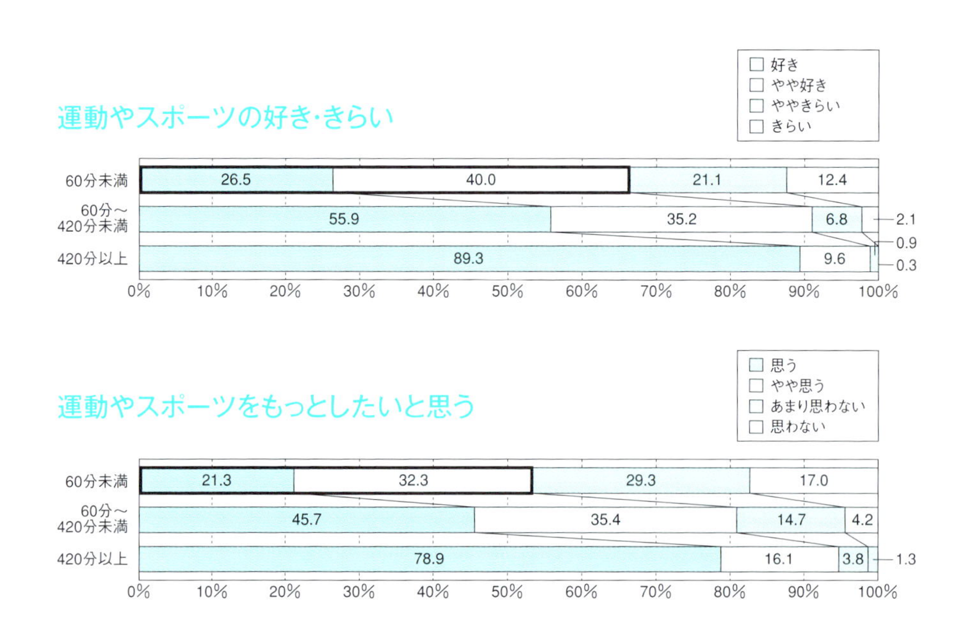

図9　1週間の総運動時間が60分未満の児童(男子)の特徴
文部科学省(2010)平成22年度全国体力・運動能力、運動習慣等調査報告書.

経験ある 25%
経験ない 75%

缶けりをしなかった理由は何ですか？（%）

場所がなかった	一緒に遊ぶ友だちがいなかった	時間がなかった	缶けりを知らない
37.3	33.3	12.0	10.7

図10　缶けりをしたことがありますか？（小学生）
2010年6月に発表された『THE CANKERI THE CLEAR』キャンペーンPR事務局発行「缶けり」実態調査より

た。そして、「運動やスポーツを今よりもっとしたいと思うか」という質問について、ほとんど運動しない子どもたちの半数以上が、「もっとしたい」と答えています。

私たちはこの調査結果に注目し、日頃運動していない子どもたちへのアプローチの一環として、運動遊びを提案しています。

4 運動遊びの可能性

①遊びの実情

図10は、「缶けり」に関する調査結果を示したものです。現代の大人（20代以上）は、その90%以上が子どもの頃に缶けりを行ったことがあるそうです。しかし、現代の小学生は、わずか25%しか経験していないよ

うです。次に、缶けりをしなかった理由について調査したところ、主な回答は次の通りでした。「場所がなかった」「一緒に遊ぶ友だちがいなかった」「時間がなかった」、そして「缶けりそのものを知らない」でした。このことから、先ほどの３つの“間”を確保する働きかけとともに、遊び方そのものを子どもたちに伝える必要があるのかもしれません。

図11には、年代別に遊びの内容を示しました。年齢が進むに伴い、競技スポーツに近い遊びの頻度が増しているようです。ところで、教育現場で

順位	幼稚園	小１・２	小３・４	小５・６	中学
1	おにごっこ	おにごっこ	ドッジボール	ドッジボール	バスケット
2	かくれんぼ	ドッジボール	サッカー	サッカー	バレーボール
3	ドッジボール	縄跳び	おにごっこ	バスケット	サッカー
4	ままごと	サッカー	縄跳び	おにごっこ	おにごっこ
5	砂遊び	かくれんぼ	キックベース	野球	野球
6	縄跳び	鉄棒	バスケット	キックベース	テニス
7	サッカー	どろけい	どろけい	どろけい	バドミントン
8	ブランコ	ブランコ	野球	縄跳び	ドッジボール
9	鉄棒	一輪車	一輪車	長縄跳び	おしゃべり
10	自転車	キックベース	長縄跳び	バレーボール	キャッチボール
11	すべり台	こおりおに	鉄棒	一輪車	ゲーム（TV）
12	ブロック	野球	かくれんぼ	バドミントン	卓球
13	かけっこ	自転車	こおりおに	鉄棒	ゲーム
14	こおりおに	絵を描く（イラスト）	缶蹴り	かくれんぼ	トランプ
⋮	⋮	⋮	⋮	⋮	⋮
17	高おに	うんてい	バドミントン	ゲーム（TV）	かくれんぼ
⋮	⋮	⋮	⋮	⋮	⋮
20	ボール遊び	かけっこ	ハンドベース	マラソン	縄跳び
⋮	⋮	⋮	⋮	⋮	⋮
26	折り紙	ゲーム（TV）	バレーボール	絵を描く（イラスト）	ボール遊び

図11　年齢別の好きな遊び（スポーツ）順位の変動
國土将平（2003）発達段階と子どもの遊び．子どもと発育発達，3：142-147.

は、小学校３年生くらいから運動に対して消極的な子どもが見受けられるそうです。特に女子については、中学生にかけて活動的な子どもは減る一方のようです。幼少期に取り組む鬼ごっこやかくれんぼは、誰もが大好きです。遊びの内容が、運動遊びからスポーツ的な内容へ移行する年代においてこうした傾向が見られることに、我々が取り組むべき課題が内在しているのかもしれません。

②運動遊びのススメ

身体を使った遊び（運動遊び）は、子どもの心身の発達に効果的であることが知られています。ここでは、その効果を最大限に引き出すために、子どもに働きかける際のポイントについて整理します。

神経系機能の発達が著しい時期は、さまざまな身体の動きを獲得し、さらにその動きの質を向上させることに最も適した時期であるといえます。したがって、この時期に多様な動きを経験することで、さまざまな基礎的な動きを身に付けることが重要となります。子どもたちに運動遊びを提案する際は、その遊びに含まれる動きの要素とともに、効果が期待される体力要素を把握しておく必要があります。

また、運動遊びへの取り組みを通じて、子どものコミュニケーション能力も開発されます。運動遊びを成立させる（楽しむ）ためには、その遊びのルールを守ることが大前提となります。時には立ち止まって、お互いがルールを確認しながら、戦略をも工夫して取り組むことが期待されます。子ども自身が自発的・積極的に考えることができるよう、配慮する必要があります。

表３　子どもの身体活動ガイドライン（時代の変遷）

推奨団体（年代）	強度	時間	頻度
アメリカ大統領カウンシル（1961）	高強度の運動	15分以上	毎日
アメリカスポーツ医学会（1995）	中等度の運動	30分以上	毎日
世界保健機関（2010）	中～高強度の身体活動	60分以上	毎日

スポーツ祭り2013「アクティブ・チャイルド・プログラム親子でプレイ！ 運動遊び!! 」

そして、これらの効果は取り組みの結果として期待できるものであって、子どもにとっては、身体を動かすことそのものを楽しく、魅力的に感じてもらうことが求められます。そのため、子どもが程よい緊張感をもって楽しめることを重視し、発育発達による差異が明確化しないように、ハンディキャップの設定やグループづくりなどを工夫する必要があります。身体活動の継続性や習慣化を促すためには、運動中に飽きを感じないよう、豊富なメニューを用意することも効果的です。こうしたことから我々は、スポーツをしていない子どもの身体活動量を上げる1つの手段として、運動遊びに注目しています。

5 まとめ

子どもの身体活動量に関するガイドラインは、そのときの社会環境とともに変化してきました。すなわち、時代背景の影響を反映して、最低限必要とされる身体活動量が増えているのです(**表3**)。こうしたガイドラインが推奨されるなか、子どもたちには多様な動きを経験させ、そして何よりも楽しく身体を動かす機会を提供することを目的として、運動遊びを提案しています。こうした取り組みにより、積極的に身体を動かす子どもを育んでいくことが期待されます。

子どもの動きを見る目を養おう！

窪　康之

1 なぜ子どもの運動能力が低下していると感じるのか？

毎年10月の体育の日には、文部科学省による子どもの運動能力に関する調査結果が新聞やテレビなどで報道されます。青野博が既述のとおり、子どもの運動能力は、この数年でやや向上の兆しを見せている項目が幾つかあるものの、昭和60年代の子ども、すなわち今の子どもの親の世代から比べると、まだまだ低い水準にあるといわれています。

それらは、50m走のタイムや、ソフトボール投げの距離などの数値として、非常にわかりやすく示されているわけですが、しかし、どうでしょう、親の世代と比べて走タイムが0.3秒遅い、ボール投げの記録が３m低いなどといった数値のみを根拠にして、我々は「今の子どもの運動能力は低下している」と感じているのでしょうか。

例えば、こんなことがありました。ある小学生サッカーチームの運動能力テストで立ち幅跳びを行ったときのこと。立ち幅跳びは、両足でジャンプしてできるだけ遠くに両足で着地する運動ですが、どうしても片方の足が先に出る、片足踏み切りになってしまう５年生の男子がいました。私や周りの子どもが両足踏み切りのお手本を見せて、何度か練習をさせるのですが、いざ本気で跳ぼうとすると片足踏み切りになってしまうのです。サッカーチームに所属してほぼ毎日運動を行っている活発な子が、立ち幅跳びのような単純な運動ができないというのは驚きでした。

それから、これは子どもの事例ではないのですが、競泳のオリンピック代表選手に垂直跳びを行わせたときのことです。１人の大学生選手が、**図12**上段のような跳び方をしました。標準的には、図１下段のような跳び方になるのですが、この違いがわかるでしょうか？　上段の選手は、腕を前から後ろに振りながら跳び上がっていますが、下段の標準的な動作は、一度腕を後ろに引いておき、前方に振り上げながら跳んでいます。

詳しい力学的な説明は省きますが、下段のような腕の使い方をしたほうが大きな力を地面から受け取ることができ、高く跳べるのです。そのような腕の使い方は、わざわざ人から教わるものではありません。読者の皆さんもそうだと思いますが、ほとんどの人は、遊びやさまざまなスポーツを経験するなかで自然と身に付けるのです。この選手は、子ども時代のそういった経験が不足していたのかもしれません。ちなみにこの選手は、その後のオリンピックで決勝に進出しました。

最後の事例です。ある中学校のラグビー部員を対象に、血中のヘモグロビン量を測定する機会がありました。この測定では、指先の血流の映像を撮影するために小さな測定器を手の中指に装着します。私は、2年生の男子選手を椅子に座らせ、「右手の中指を出してください」と言いました。するとその選手は「中指ってどれですか？」と言ったのです。

スポーツを一生懸命やっていると、今、自分はどんな姿勢あるいは動きをしているか、それは上手な人と比べてどう違うか、もっといい結果を残すためには自分はどう変わらねばならないかということに自然と意識が向き、自分の身体への興味・関心が強くなります。それが少年スポーツの価値の1つであると私は思っていましたから、この「中指を知らない選手」にはかなりのショックを受けました。彼はラグビーを通じて自分の身体に全く興味をもてていないではないか、この子の指導者はどんな言葉がけをして彼にラグビーを教えているのだろうか、と。

図12　あるオリンピック選手の垂直跳び動作(上段)と標準的な動作(下段)

さて、話題があちこちに飛んでいるとお思いかもしれませんが、私がここで述べたかったことは、最近の子どもの運動能力が低下していると感じるのは、運動能力テストの測定結果（数値データ）からだけではなく、上に示したような、基本的な身のこなしが身に付いていない子ども、自分の身体や動作に興味・関心がない子どもが増えているからではないか、ということです。

2 動きを評価することの重要性

先に述べたように、運動のパフォーマンス（出来ばえ）は、何秒で走れたか、何メートル投げられたかなどの量的指標だけでなく、「どんなやり方をしたか」という質的な指標で評価することも重要です。

図13は、ボール投げを行っている子どもの動作を示したものです。上段が小学２年生の女子、下段が４歳の女子です。上段の小学生は、投げ腕を後方に引いて準備した後、投げ腕とは反対側の足を踏み出して体重を移動させ、体幹のひねりを使いながら投げています。ややぎごちなく、力強さもあまりありませんが、成熟した動作の特徴が幾つか含まれているといえるでしょう。下段の幼児は、足の踏み出し、体幹のひねりが見られず、投げ腕の屈曲伸展だけで投げており、典型的な幼児期の投動作といえます。

２人の動作を比較すると、上段の小学生のほうが成熟した動作に近いと考えるのが普通でしょう。しかし、上段のような成熟型の動作でも、ボールをリリースする瞬間の力加減がわからず、ボールを間近の地面にたたきつけてしまうことがよくあり

図13　小学生（上段）と幼児（下段）のボール投げ動作

ます。一方で、リリース角度がたまたまよかったために、遠くまでボールを飛ばすことができる未熟な動作の子どももいます。そのような場合、ボールの到達距離という量的指標だけで評価しようとすると、下段の幼児のほうが投能力が優れているということになってしまいます。

皆さんもよくご存じのように、幼少年期は、神経系の発達が盛んな時期であり、多様な動作を身に付けることができる黄金期といわれています。筋力やパワーは、小学校高学年以降に発達の機会が十分にありますから、その時期を迎えて筋力やパワーが向上したときにそれらを効果的に利用できるためにも、幼少年期には、よい動きを身に付けることを重要視したいものです。

実際の子どものなかには、発育のスピードが遅いために体格や筋力に乏しく、量的なパフォーマンスこそ目立たないものの、成熟した動作を身に付けている子どもが少なからずいるものです。我々は、その子らの動作をきちんと賞賛してあげねばなりません。一方で、身体が大きいために量的には優れているものの、未成熟な動作しか身に付いていない子どももいます。そのような子どもに対しては、量的な成果は賞賛しつつも、成熟型の動作が身に付くよう多様な運動経験を提供してあげることが重要になります。

3 動きの評価項目と評価基準

動きを評価しようと言葉にするのは簡単ですが、実際にはなかなか困難なことかと思います。なぜなら、タイムや距離を測定するのは道具さえあれば誰にでもできますが、動きに関しては、目のつけどころやよしあしを評価するための基準が定まっていないからです。そこで、ACPでは、基礎となる３つの運動（走、跳、投）について、動きの評価項目と評価基準を提示しました。そのうちの跳（立ち幅跳び）については、14ページ図4でも触れられていますが、ここでもう少し詳しく説明したいと思います。

図14は、立ち幅跳びの動きの評価項目を示したものです。まず、全体的な動きの印象として、両足で前方に力強く跳躍しているかを、A：できている、B：まあまあできている、C：できていない、の３段階で評価します。次に、動作の時間経過に従って、①の準備局面で腰と膝をよく曲げているか、②で下肢全体の伸展に合わせて腕を後方から前方にタイミングよく振っているか、③の離地時に身体を前方に倒し込んでいるか、④の着地時に両足で着地しているか、を評価します。①～④の評価項目は、○：できている、×：できていないの２段階

①：膝と腰をよく曲げて跳ぶ準備をしている
②：腕を後方から前方にタイミングよく振っている
③：離地時に身体全体を大きく前傾している
④：両足で身体の前方に着地している

図14　跳躍動作（立ち幅跳び）の評価項目と評価基準

で評価します。

この評価法で重要なことは、①～④の評価項目が、ある局面の身体の一部分に注目しているのに対し、全体印象で、時間的にも空間的にもできるだけ全体を捉えようとしているところです。部分的には成熟していると捉えられる項目があったとしても、全体として力強く跳べていなければ低評価となります。我々は、動きを評価しようとすると、どうしても特定の局面や部分に注目してしまいがちですが、運動の目的を達成するために、全身がよくまとまっているかどうかを無視することはできないのです。

ACPには、この立ち幅跳びのほかに、走運動とボール投げ運動の評価項目と評価基準が掲載されています。走運動とボール投げも、立ち幅跳びと同様に、1つの全体印象と幾つかの個別項目で評価することとしています。また、ACPで提示している動きの評価法は、阿江ら（2010）による「子どもの基礎的な動きに関する研究」に基づいており、そのなかでは、日常生活動作（立つ、座るなど）、生存・危機回避のための動作（転がる、よけるなど）、そして、スポーツに関連した動作（走る、跳ぶ、投げるなど）の計29種の動作について、評価項目と評価基準を提示していますので、参考にしてください。

4 よい動きをどのように身に付けさせるか

動きを評価するための目のつけどころを列挙すると、次に必ずぶつけられるのが、「そのよい動作はどうやって指導するのですか？」といった疑問です。答えは1つです。子どものさまざまな動作は、大人が環境設定を試行錯誤することによって引き出すしかありません。

我々大人は、運動の経験と言葉を扱った経験とが子どもに比べて豊富にありますから、よい動きの特徴をつい簡単に言葉や身振りで伝えようとしてしまいます。しかし、子どもは、運動の経験も言葉を扱った経験もまだまだ浅いので、耳や目から与えられた情報を頭で理解して、実際に自分の身体で再現するなどということはなかなかできません。かなり運動の経験がある子どもでも、中・高生くらいにならないと、動きに関する情報を他者との間でやりとりすることは難しいでしょう。自分はやっている、できているとおっしゃる方もあるでしょうが、たいていの場合それは思い込みです。

幼少年期は、とにかくやってみて、うまくいったり失敗したりする経験を積むことが必要です。そのなかで、うまくいったときに「これかな？」と自分で気づいたり、大人から「それだ！」と教えてもらったりすることで、動きの選択肢が絞られていき（専門的には『強化される』といいます）、身に付けやすくなっていくのです。したがって大人は、子どものよい動きが発生するように環境（ルールも含みます）の設定を考えて、実際に生じた子どもの動きを評価し、また環境の設定を工夫する…という作業を繰り返さなければならないのです。

5 評価されているのは誰か

ACPの内容を多くの方に理解していただくため、私たちは毎年、全国十数カ所で教員やスポーツ指導者の皆さんを対象とした講習会を行っています。その講習会では、実際の子どもたちの映像を教材にして、本稿で紹介した動きの評価を受講生の皆さんに体験してもらっています。すると、ときどき受講生の方から「一生懸命運動している子どもを評価するとはなにごとか！」とお叱りを受けることがあります（幼児教育に携わっている方に多いです）。そんなとき、私はこのように答えることにしています。

「子どもたちは、我々大人の用意した環境や運動プログラムに刺激されて、動きを身に付けていきます。もし、積極的に活動している子どもの動きがいつまでたっても未成熟なままであったら、それは、我々の提供している環境やプログラムに問題があるからなのです。我々は、子どもを評価しているのではありません。我々の提供しているものが適切かどうかを確かめているのであり、大人が役割をきちんと果たしているかを評価しているのです」と。

健やかな身体を育む

青野　博

1 はじめに

これまで、子どもの体力低下に関する1つの要因として、日常生活における身体活動が減少していることを紹介してきました。ところで、現在では多くの国々において子どもの身体活動ガイドラインが提案されています(**図15**)。いずれも、心身の健康的な発育発達のために、「毎日60分以上の中～高強度の身体活動」を推奨しています。

我が国では、日本体育協会が、「1日に総計して最低60分以上、身体を動かすこと」を推奨しています(12ページ参照)。ここには運動強度に関する基準が含まれていませんが、気軽に身体を動かすことで、まずは目安となる「量」を確保することを意図して、あえて運動強度については触れないこととしました。そして、子どもたちが、楽しく、自発的に身体を動かすことで目安となる身体活動量を確保できるよう、私たちは、(主に)あ

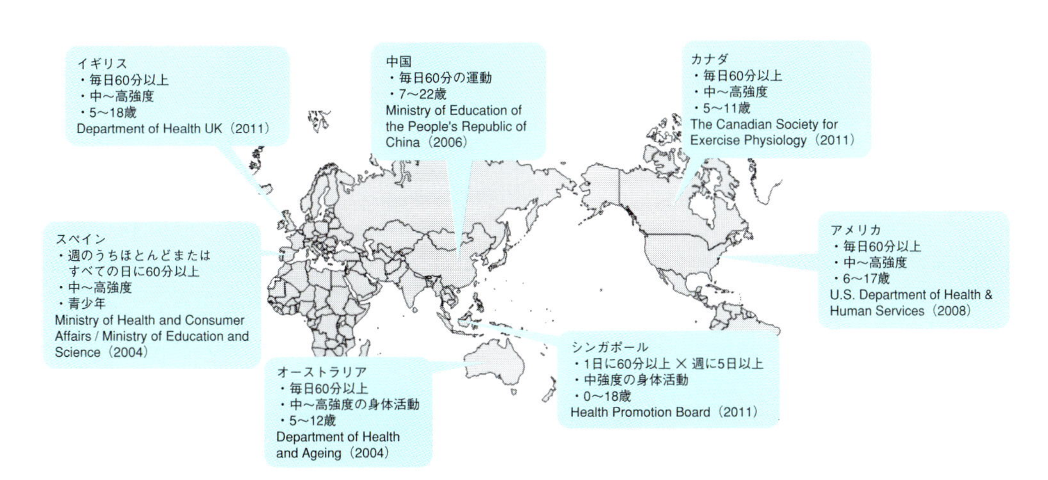

図15　世界の「子どもの身体活動ガイドライン」

まり運動習慣のない子どもに対するアプローチとして、ACPを提案しています。

2 体力向上に向けた取り組みの鍵

文部科学省では、平成20～22年度に実施した「全国体力・運動能力、運動習慣等調査」における調査結果をまとめ、『子どもの体力向上のための取組ハンドブック』を作成しました。ここでは、体力向上への取り組みの鍵となるデータがいくつか紹介されています。

図16は、現代の子ども（小学校5年生）における身体活動量と体力（50m走）との関係について、昭和60年度の水準より高いか否かを示したものです。50m走では、男女とも、1週間の総運動時間が420分未満の（比較的不活発な）子どもは、昭和60年度水準到達率（昭和60年度の平均値を超えた児童の割合）が約25～33％でしたが、420分以上の（比較的活動的な）子どもではその50%以上が昭和60年度の水準を上回って

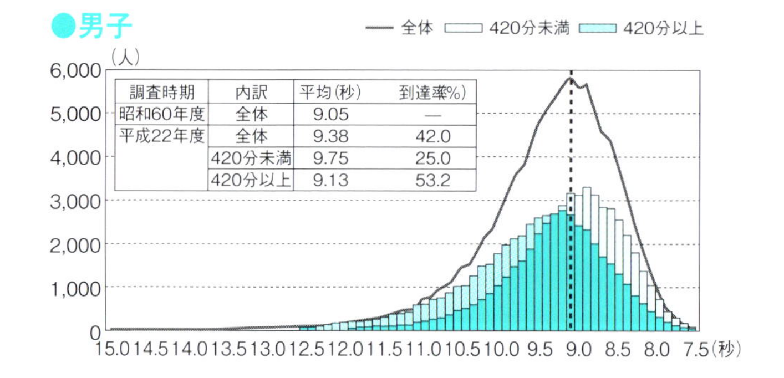

調査時期	内訳	平均(秒)	到達率%)
昭和60年度	全体	9.05	—
平成22年度	全体	9.38	42.0
	420分未満	9.75	25.0
	420分以上	9.13	53.2

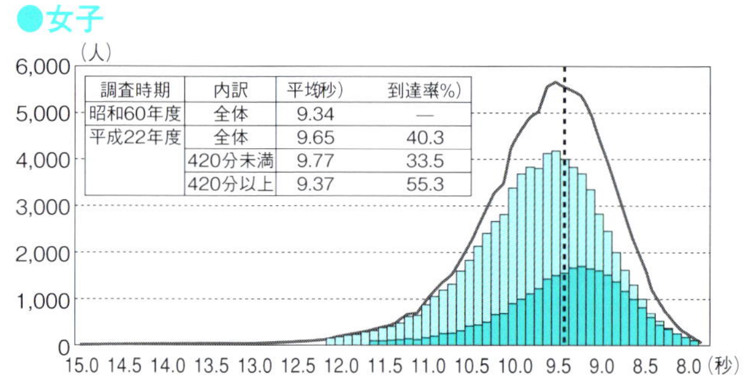

調査時期	内訳	平均(秒)	到達率%)
昭和60年度	全体	9.34	—
平成22年度	全体	9.65	40.3
	420分未満	9.77	33.5
	420分以上	9.37	55.3

図16　1週間の総運動時間からみた昭和60年度水準の到達率
文部科学省「平成23年度全国体力・運動能力、運動習慣等調査」検討委員会(2012)
子どもの体力向上のための取組ハンドブック.

いました。1週間に420分以上、すなわち、1日に60分以上運動する子どもの50m走は、体力水準が高かった昭和60年度と同レベルにあるようです。

身体活動量を確保することが、結果として、体力向上につながると期待されます。一方で、ほとんど運動しない子どもの生活習慣における特徴についても紹介されています。**図17**は、1週間の総運動時間が60分未満の児童（ほとんど運動しない子ども：小学校5年生）における、テレビの視聴時間（テレビゲームも含む）に関する調査結果です。比較対象として、「60分以上420分未満」「420分以上」のグループに分類されています。60分未満のグループでは、男子の約40％、女子の約30％が、1日に3時間以上テレビなどを視聴していると回答しました。また、家庭で運動やスポーツの話をどれくらいしているかを調査したところ、ほとんど運動しないグループでは、おおむね30〜40％の子どもが「まったくしない」と答えました（**図18**）。

これらの調査結果から見えてくることとして、何も特別な取り組みが必要なのではなく、生活習慣・行動を見直すため、家庭における取り組みも1つの鍵となるものと考えられます。

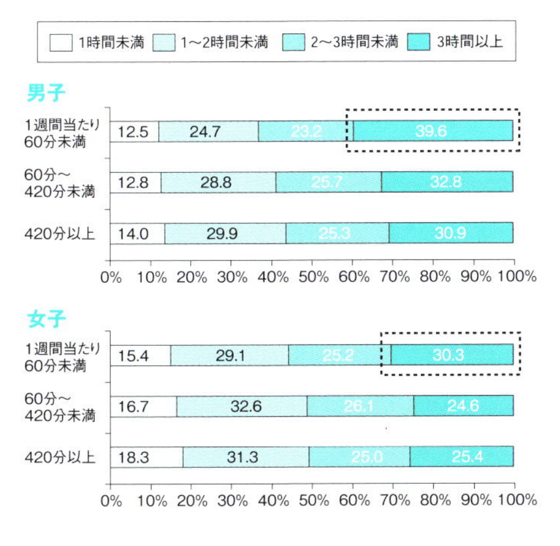

図17　1日のテレビ等の視聴時間
文部科学省「平成23年度全国体力・運動能力、運動習慣等調査」検討委員会（2012）
子どもの体力向上のための取組ハンドブック.

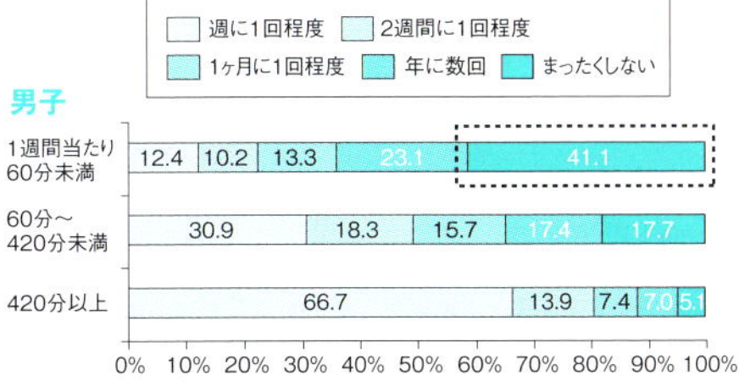

図18　家の人と運動やスポーツの話をする
文部科学省「平成23年度全国体力・運動能力、運動習慣等調査」検討委員会（2012）
子どもの体力向上のための取組ハンドブック.

3 身体を動かすことをいとわない子どもを育てる

以上のような現状を踏まえた上で、子ども(と大人)に対するアプローチが求められています。その一環として、私たちは運動遊びがもつ可能性に注目し、子どもの自発的な実践を促すために、具体的な遊びプログラムを紹介しています。また、運動・スポーツ以外の場面でも取り組めること(例えば、**図18**にあるような生活活動における意識づけ)を紹介することで、日頃から積極的に身体を動かす子どもを育んでいければと考えています。

①身体感覚を磨き、自らの身体を知る

「文武両道」とはよく言われるものの、なかなか両立させることは難しいですね。私たちは、身体を動かすことの意義について強調することで、勉強を頑張ることはもちろん、運動・スポーツにも興味・関心をもってもらえれば、と考えています。

運動遊びと身体感覚について、佐々木(2011)は、「運動遊びは身体性と密接に関係しながら展開されていく。幼いほど身体性との関わりは強く直接的なものとして働きかける。最近では昔に比べて日常生活の中でも子どもたちが遊びを通じて身体性を実感する機会が減少している」と指摘しています。全力で走れば脈が上がる、汗をかくといった感覚など、経験しないとわからない身体の感覚は多々あります。こうした経験を通じて、自分の身体を知る、身体のことを考える1つのきっかけとなればと考えます。また、加賀谷ら(2009)によると、「身体活動を伴う『遊び』を通した他者との触れあいや、最も身近な自然である『身体』について知る・感じる機会を提供することは、子どものもっている可能性を引き出すことに寄与する」、さらに、「子どもの身体と精神活動は密接な関係をもっており、伸びやかな身体は、伸びやかな精神活動や思考を生み出すことに寄与する可能性が高い」と考えられています。

②身体活動増加に向けた意識づけ

社会環境の変化に伴い、子どもたちのライフスタイルは大きく変わりつつあります。便利な生活により、日常生活における身体活動の機会が減少したといわれて久しいわけですが、これは今もなお、重要な課題として認められています。そこで、まずは、身近なことから取り組むべく、身体を動かすことは特別なことではないことを強調しています。

ACPの関連書籍『アクティブ・チャ

図19 子どもの身体活動ガイドライン(イメージリーフレット)

イルド60min-子どもの身体活動ガイドライン-』(サンライフ企画、2010)では、「誰でもどこでもできる、友だちと一緒にできて楽しい、競争しないで人と比べられなくてもよい、カッコイイ、いけてる、そういう身体活動に注目し、子どもの活動レベル全体を高めることを推奨しています」。

ここでは、身体を動かすことについて、「健康・体力」といった何かのためにではなく、「カッコイイ」:自分の価値観として取り入れる、「楽しい」:行動自体が目的となる(身体活動=カッコイイ、楽しい)という意識づけを意図しています(**図19**)。

③運動遊びの可能性

現代社会では、テレビゲームや携帯電話をはじめとする情報端末など、運動遊び以外に、子どもにとって魅力的な娯楽が身の回りに存在していることは否定できません。こうした娯楽を否定するのではなく、遊びの選択肢を広げる意味でぜひ、子どもたちには自らの身体を使ったリアルな体験として運動遊びを行ってもらえればと思います。運動遊びが子どもの身の回りから遠ざかっている今だからこそ、意識して遊びを取り戻す必要があります。その結果として、子ども自身が、身体を使った遊びを好み、日常生活の中で運動遊びを選択してくれることを期待します。

運動遊びを提供する際は、ハンディキャップの設定やグループ分けを工夫することにより、勝敗の不確定性が担保されます。これにより、子どもたちは程よい緊張感をもって楽しむとともに、誰もが全力を出し尽くすことが可能となります。そして、遊びのなかで全力運動を繰り返すことにより、目標となる身体活動量を容易に確保することができます。

4 三つ子の魂百まで!?

運動やスポーツに対する活動意欲は、幼児期から育まれます。そのため、幼少期の段階から、身体活動の楽しさを体験させながら、活動的な志向・習慣を身に付けさせることが重要と考えられます。

そこで、文部科学省では、幼児期からの運動習慣の基盤づくりを目指し、幼児期運動指針を策定しました。幼児を対象とする身体活動ガイドラインについても、児童向けのそれとおおむね共通する内容となっており、「幼児はさまざまな遊びを中心に、毎日、合計60分以上、楽しく身体を動かすことが大切です！」とされています。

また、幼児期運動指針のポイントは、次の３点にまとめられています（**図20**）。

■ポイント１「多様な動きが経験できるようにさまざまな遊びを取り入れる」

→遊びには多様な動きが含まれる

→遊びは自発的な活動

→この時期の動きの習得が最も大切

■ポイント２「楽しく体を動かす時間を確保する」

→幼児の４割は外遊びの時間が60分以下

→毎日、合計60分以上を目安とする

■ポイント３「発達の特性に応じた遊びを提供する」

→この時期の遊びは生涯にわたる健康の基礎となる

→発育・発達の程度には大きな個

図20　幼児期運動指針のポイント
文部科学省「幼児期運動指針策定委員会」(2012) 幼児期運動指針ガイドブック～毎日、楽しく体を動かすために～.

人差がある
→無理のない運動はケガの予防となる

そして、これらについては、幼児だけでなく、児童にも当てはまる課題であることをご理解いただけることと思います。

5 まとめ

私たちは、将来にわたって子どもたちが豊かな生活を送れるようになることを願い、ACPを提案しています。子どもの頃から活動的な生活習慣を身に付けることで、運動・スポーツに接する機会が高まり、より日常的に運動・スポーツを楽しめるようになります。子どもの身体活動ガイドラインについては、運動・スポーツだけにとらわれないアプローチをすることで、無理なく自由な活動により、身体活動量を確保することを意図しています。そして、積極的に身体を動かす場面においては、楽しく、自発的に取り組める運動遊びを提案しています。

運動遊びは、さまざまな機能の発達の上に成立し、そしてその遊び自体のなかでまた新たな機能が培われて発達していきます。遊びに含まれる多様な動きを身に付けることで、生涯スポーツの実践につながることが期待されます。

子どもたちの未来予想図
～「アクティブ・チャイルド・プログラム」のある世界、ない世界～

佐藤善人

1 はじめに

ここまでお読みいただいた読者の方は、ACPの全貌を十分に理解していただけたと考えています。

これまでの数々の普及啓発活動により、全国各地でACPの取り組みが実践され、広がりを見せています。例えば、島根県教育庁保健体育課のスタッフは「Everyday Exercise 60min.」のロゴを印刷したポロシャツを着用しており、この3年間で10回以上、ACPに関わる講習会を指導者対象に開催して、普及に尽力されています。国立スポーツ科学センター等において毎年「体育の日」に行われる「スポーツ祭り」では、親子でACPを体験する催しが行われ、定員を超える多数の応募があり、盛況です。幼稚園・保育所の保育活動や小学校の教育活動、スポーツ少年団や総合型地域スポーツクラブの取り組みにおいてACPは活用されるようになってきており、そこでは多様な運動遊びが実践され、子どもの笑顔があふれています。

こういった例のように、ACPは多くの現場で認知され、その実践は広まりつつあります。私たちは、今後さらにACPによって運動遊びの輪が広がり、日本中が心も身体も元気いっぱいな子どもであふれることを強く願って、普及啓発活動を続けていきます。そこでもしACPがない世界だったら、そしてACPが今まで以上に広がった世界だったらという、2つの「子どもたちの未来予想図」を大胆に描きながら、いま一度その可能性を確認したいと思います。

2「ACPのない世界」の未来予想図

写真1はACPが存在しない世界の公園です。広い公園に子どもは誰もいません。子どもはどこで遊んでいるのでしょうか。スポーツを習い事としている一部の子どもを除いては、ほとんどが家の中でテレビゲームや携帯型ゲームに夢中です。その結果、子どもの発育発達にさまざまな異変が起こっており、社会問題となっているようです。

写真1　ACPが存在しない世界の公園（イメージ）

・・・・・・・・・・・・・・・・

①小学校では

運動遊びをしないだけでなく、少しの身体活動も面倒くさがってやらない子どもが増えています。歩くのがおっくうで、保護者の送迎で学校へ通う子どもがほとんどです。学校の階段を昇降する際に転んで骨折する事故が多発したために、エスカレーターの設置が法律で義務づけられました。休み時間は室内で過ごす子どもが多く、図書館やパソコン室は大盛況です。箸をうまく使えない子どもが増え、給食では常にスプーンとフォークが使用されています。

運動中にケガをする子どもが急増したこと、さらに運動経験の2極化の拡大により、学級内の能力格差が大きく開いています。すべての子どもが運動を楽しむ環境を確保できないことから、体育授業の実施が困難となり、国は体育を必修教科から外すことを決定しました。選択教科となった体育は、保護者からの危険性の指摘により、多くの小学校で扱われなくなっています。必要なくなった校庭には雑草が茂っています。友達と上手に関わることができない子、我慢できずにすぐにキレる子が増加し、人間関係能力の低下が大きな問題の1つとなっています。

②地域では

子どもが遊ばなくなった公園の固定遊具は撤去されてしまいました。公園自体の数も減少し、跡地には住宅が建設され、街から少しずつ遊び場所が消えています。多くの子どもは移動時に電動自転車を使うようになっています。玩具店からはコマ、剣玉、凧といった伝承遊びの道具はもちろんのこと、サッカーボールやグローブなどのスポーツ用品も消えつつあります。

スポーツは一部の子どもが習い事として行うものとなり、整備されたスポーツ施設でのみ実施されています。しかし、これらの子どもは早い時期から単一の種目に特化してプレーしており、サッカーには卓越しているものの器械運動や水泳は全くできないといった弊害が問題となっています。街からは子どもの笑顔や歓声が消え、ゲームの電子音がかすかに聞こえるだけ。街には活気がなく、大人の元気もなくなっています。

③家庭では

家では保護者の叱る声が絶えません。「外で遊びなさい」「ゲームばかりしないで勉強しなさい」「家のお手伝いをしなさい」等々…。身体活動を面倒くさがる子どもは、お手伝いどころか自分の部屋の片づけもしないので、衛生的な問題が発生しています。小学生になっても着替えがてきぱきできず、保護者に手伝ってもらう子どもが増えているようです。また、ゲームのしすぎで夜更かしとなり、早朝に起きられず朝食を欠食する子どもが急増しています。排便をせずに学校へ登校する子どもが多く、毎朝がダラダラとした学校生活のスタートとなっているようです。問題視した国は、子どもに朝食を食べさせずに登校させた保護者を罰する法律を検討中だとか…。

・・・・・・・・・・・・・・・・・

子どもの生活習慣の変化により、体力低下は著しく、新体力テストの結果は右肩下がりに低下しています。肥満児の増加に伴って生活習慣病で通院する子どもが増え、医療費の増大により、国の財政を圧迫しています。将来的に要介護老人が増加することが予想され、現在、介護保険制度の見直しが緊急課題として国会で審議されています。

子どもが運動遊びをしなくなったことに比例して、スポーツ実施率も低下しています。そのため競技力の低下は深刻化し、JOCや各種競技団体は打開に向けた対応に追われています。

3「ACPのある世界」の未来予想図

写真2は体育授業の準備運動で「人間知恵の輪」をして遊んでいる様子です。**写真3**は地域の大学生と一緒に「体ジャンケン」をする様子です。このようにACPが浸透した結果、学校、地域、家庭において運動遊びが広まり、子どもは心身に対するさまざまな効果を獲得しているとの報告がありました。

・・・・・・・・・・・・・・・・・

①小学校では

1985年を境に低下してきた子どもの体力は2000年頃に底を打ち、現在ではV字回復を見せています。体育授業の準備運動として、さまざまな運動遊びが紹介されるようになったことが契機のようです。体育授業

写真2　体育授業の準備運動で「人間知恵の輪」をして遊んでいる様子

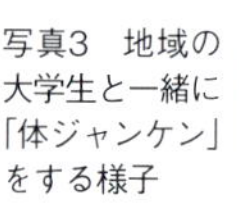

写真3　地域の大学生と一緒に「体ジャンケン」をする様子

で運動遊びが行われることによって、体育好き･運動好きの子どもが増え、好きな教科No.1はダントツで体育です。

体育で行った運動遊びが、休み時間や放課後の校庭で自発的に行われています。子どもは運動遊びのルールをアレンジし、自分たちが楽しめるように工夫しています。同じクラスの子どもだけで遊ぶのではなく、異学年の子どもと遊ぶ機会も増えているようです。高学年は低学年を思いやってルールを工夫する姿が、低学年は高学年の姿に憧れて一生懸命に遊ぶ姿が見られます。その結果、人間関係能力が育まれ、人を思いやる優しい心、困難なことにも粘り強く挑戦する心が培われています。小学校は子どもにとって楽しい空間となり、いじめはなく、笑顔いっぱいで学校生活を送っています。

②地域では

地域の公園は子どもであふれています。需要の拡大により公園が新設されたり、新たな固定遊具が設置されたりしています。玩具店の店頭にはたくさんのおもちゃが並んでいます。剣玉を購入したA君は技を磨くだけでなく、遊び終わったら布で剣玉を磨いています。自分を楽しませてくれる「もの」を大切にする心が育っているようです。地域は子どもの笑顔と歓声で満ちていて、その様子を見たくて地域のおじいさん、おばあさんが公園に出てくるようになりました。一緒に伝承遊びを楽しむ姿も見られます。子どもの体力の向上だけでなく、地域全体の体力が向上傾向にあるようです。

幼少期に運動遊びをたっぷりと経験して、基礎的運動能力を育んでからスポーツを始める子どもが増加しました。そのため、単一種目だけに卓越した子どもではなく、サッカーを専門種目としながらも、器械運動も水泳もバランスよく高い水準でプレーできる子どもが増えています。

③家庭では

家からは笑い声が絶えません。「元気に遊んできたわね」「運動遊びでリフレッシュしたので勉強がはかどるね」「いつもお手伝いをありがとう」等々…。身体活動を嫌がらない子どもは、率先して家の手伝いをするようになり、保護者は大助かりです。身の回りのことはすべて自分でできる、自立した子どもが増えています。

時にはゲームをすることもありますが、時間の使い方がうまくなり、ゲームのしすぎで睡眠時間を削る子どもは少なくなっています。運動遊びをすることで身体が疲れ、よく寝る子どもが増えました。疲れた身体はエネルギーを欲しており、バランスのよい食事を好き嫌いせずに食べる習慣が定着しています。快食･快便で学校へ登校する子どもが多く、毎朝気持ちよく学校生活をスタートさせているようです。欠食せずにたくさん食べる子どもが増加したため、食品やキッチン周りの関連商品の販売が好調で、税収がアップしたとか…。

・・・・・・・・・・・・・・・・

子どもが運動遊びの実践を習慣化させたことにより、体力向上は著しく、間もなく85年の水準に届くことが予想されています。健康になった子どもの体力は大人になってももち越されるため、医療費が減少してきました。笑顔が絶えない日本の幸福度は、今やあのブータン王国に迫る勢いです。スポーツ実施率は増加傾向にあり、競技力の向上につながっているようです。競技スポーツの活性化だけでなく、多くの人が生涯スポーツの実践者として、豊かなスポーツライフを楽しんでいます。

4 おわりに

今回、大胆に予想したACPのある世界とない世界。決して不安をあおるつもりはありませんし、こんなにも極端なことが近未来に起こることは考えにくいです。しかしながら、全くないともいい切れないのが正直な思いです。

先日、エレベーターで、4階から乗って3階で降りた学生がいました。病気ではなさそうでしたので、階段を使うべきでしょう。きっと彼は、日常的にエレベーターを使うことに慣れており、自身の行為の問題点に気づいていないのだと思われます。そんな学生の後ろ姿を見ながら、ある記憶がよみがえってきました。

小学校低学年の頃、衝撃的な絵を見たことがあります。それは未来の人類の予想図でした。運動をしなくなった人類は頭だけが異常に発達し、首から下は細く、まるでタコのような身体になるであろうといったものでした。「こんな身体になってしまうのか…」と少し怖くなったことを記憶しています。先ほどの大学生の後ろ姿と未来の人類の予想図とが、少しだけ重なって見えたのです。

子どもから、運動遊びを行う習慣を奪ったのは大人の責任です。運動遊びをしない子どもの心身の発育発達に問題を生じさせているのも、大人の責任です。そう考えると、階段を使わない学生は、我々大人がつくり出しているといえます。現状を少しでも改善していくために、今の子どもが抱える問題状況を正しく認識して、彼らの運動遊びの環境を整備していくことが我々には求められています。そのことに対して、ACPは大いに役立つと考えています。

さあ、皆さん。ACPのある世界とない世界、どちらの世界を選択しますか？

第一章
理論編

心理編

心を育むACP

吉田繁敬

1 はじめに

運動遊びが身体の発達を促すだけでなく、心の発育・発達にも大きく寄与するということは、よく知られたことです。特に、幼児に対する運動遊びプログラムを作成し、それを実施するに当たっては、身体の発達段階だけでなく、心の発達段階への配慮が非常に重要になります。

しかしながら、ジュニア期の子どもたちの指導現場においては、身体の発達段階に対する認識に比べ、心の発達段階に対する認識の乏しい指導者が多く見られるように思います。身体の大きさや、走る、跳ぶ、投げるといった動作は、外見から判断しやすいのに対し、心の発育・発達は内面的なものであるため、外見からでは判断が難しいものです。

ところが、子どもたちが成長する過程においては、個人差はあるものの、発達段階ごとに共通して見られる特徴があるため、指導者がそれをよく認識しておくことで、子どもたちの行動に表れる心的サインを見逃すことなく、より適切な指導が可能になるでしょう。

そこでここでは、発達心理学の知見を踏まえ、幼児期から学童期の子どもたちへの運動遊びプログラムについて考えてみたいと思います。

2 発達課題≪乳児期～学童期≫

心理社会的発達段階説(Erikson,E.H.,1950)では、人間の一生を8段階に分け、各々の段階で獲得すべき課題が設定されています(**表1**)。各段階の課題には、肯定的側面と否定的側面とが対となって設定されていますが、どちらか一方しか身に付けられないということではなく、否定的な部分を抱えながらもそれを克服し、肯定的な部分をより多く身に付けるという意味で設定しています。子どもたちは、第4段階の学童期までに獲得した課題を心の基盤にして、第5段階の青年期以降の人間的成長をしていくことになります。

3 子どもを取り巻く環境

子どもたちの心理的発達には家庭環境や社会環境の影響が大きく、必ずしもすべての段階で肯定的側面の課題を十分に獲得できるとは限りません。しかし、たとえある段階で肯定的部分を身に付けることが十分にできなくても、その後の発達段階で不足した部分を埋め、補うことも可能です。

実は子どもたちが集団で外遊びを活発に行っていた時代は、遊びを通して仲間からの受容・共感やスキンシップを体験し、我慢や頑張ることが必要とされるなかで、自然にそれらを補うことができていたのです。しかし、残念ながら今の子どもを取り巻く環境は、一昔前と比べて大きく変化し、塾や習い事、携帯ゲーム機などの影響により、自由に外で遊ぶ時間と仲間が減り、安全な遊び場の確保も困難になっています。

また、女性の社会進出や育児休暇の問題などによる母子のスキンシップの希薄さ、少子化の影響による親の過保護・過干渉などが、乳児期～幼児期の発達課題の肯定的側面の獲得不足の要因となり、否定的側面の発達課題を抱える子どもの増加につながっているように思います。

表1　発達段階と発達課題　　Erikson,E.H.(1950)Childhood and Society , W. W. Norton & Company.

	発達段階	発達課題
1	乳児期	「基本的信頼」 × 「不信」
2	幼児前期	「自律性」 × 「恥・疑惑」
3	幼児後期	「積極性」 × 「罪悪感」
4	学童期	「勤勉性」 × 「劣等感」
5	青年期	「自我同一性」 × 「同一性拡散」
6	成人前期	「親密性」 × 「孤立」
7	中年期	「生殖性」 × 「停滞」
8	老年期	「統合」 × 「絶望」

4「場・しかけ」づくりのポイント

さて、このような状況のなか、幼児期〜学童期の子どもたちへの運動遊びプログラムを考えるとき、心理的発達課題の肯定的側面を補うことができるような「場・しかけ」づくりを意図的に行うことが大変重要になってきます。ポイントは2つあります。

1つ目のポイントは、遊びの要素として、スキンシップと仲間づくり(受容・共感)が含まれていること。乳児期の「基本的信頼」、幼児後期の「積

1　乳児期(0歳〜1歳半頃)「基本的信頼」×「不信」

自分を世話してくれる母親(母親的役割)との関わりを通して、不安を払拭し自分が愛されているという実感を得る時期。そのために、スキンシップが重要となる。これに失敗すると「不信」となり、後の発達に大きな影響を与える。

2　幼児前期(1歳半〜3歳頃)「自律性」×「恥・疑惑」

自分の意思でコントロールすることを覚え、心的な自信が芽生える時期。そのために、「見守る」「待つ」といったコーチング的関わりが重要となる。これに失敗すると、自分に対して自信がもてず、「恥や疑惑」をもつようになる。

極性」を引き出すことにつながるでしょう。もう１つのポイントは、遊びの進め方、指導者の関わり方として、コーチング的な関わりをすること。幼児前期の「自律性」、学童期の「勤勉性」を引き出すことにつながるでしょう。

次項では、実際の指導現場における実践例を示しながら、これらのポイントについて具体的に解説したいと思います。

3　幼児後期（3歳〜6歳頃）「積極性」×「罪悪感」

自分の目的や課題を積極的に立て、自分で行動することを覚える時期。好奇心などからいたずらをしたり、嘘をついたりすることもあるため、大人は行動ではなく、その動機を大事にして、"You are OK"と丸ごと肯定（承認）して向き合うことが重要となる。これに失敗すると、やるのはいけないことだという「罪悪感」をもつようになる。

4　学童期（6歳〜13歳頃）「勤勉性」×「劣等感」

やればできるということを経験し、頑張ることを覚える時期。成績などの結果管理ではなく、いかに頑張ったかという経過管理を大事にして向き合うことが重要である。これに失敗すると、「苦手意識や劣等感」をもつようになる。

5 スキンシップの効果

前項で述べたように、家庭環境や社会環境の影響によって、「不信」「恥・疑惑」「罪悪感」「劣等感」などの否定的側面の発達課題やストレスを抱える子どもが増加しているなか、実際の指導現場において、どのように運動遊びプログラムを展開すればよいのでしょうか。

スキンシップがストレスや不安心理を和らげる効果があることは、赤毛ザルの実験（Harlow,H.F.,1958）など、これまでに行われた心理学の研究によって明らかになっています。受容・共感されるリラックスした雰囲気のなかで、スキンシップを伴う楽しい時間を共有することが可能な運動遊びは、子どもたちの心身の発育・発達に必要不可欠であり、その後の教育や生活の基盤となっていくのです。

6 導入の効果的な事例

スキンシップと仲間づくり（受容・共感）の要素を含む運動遊びの導入が効果的な事例として、次のようなものが挙げられます。

①幼児が含まれる場合

幼児期の子どもにとって、母親と離れて遊ぶこと自体が不安な心理状態といえます。一見、不安を感じていないように見える子も、鬼遊びでタッチされて鬼になるなどの危機や不安を覚えると、セルフコントロールできずに泣く、ぐずるといった行動が見られます。そのため、夢中になって身体を動かすなかで、スキンシップによって不安を和らげることが期待できる運動遊びプログラムを提供することが効果的となります。

ただし、幼児の場合、その場に母親がいないことが前提となります。なぜならば、多くの子どもが危機や不安を感じると母親の元に駆け寄っていってしまうからです。しかし、それは子どもと母親との間に安定した愛着（絆）が形成されている証しでもあり、子どもにとって当然の行動といえるのです。

②新たなメンバーが加わった場合

グループに加わる新たなメンバーは、受け入れてもらえるだろうか（受容不安）、どのように動けばよいのだろうか（行動不安）、やることは何だろう（目標不安）、責任は何だろう（役割不安）という、不安な心理状態になります。また、受け入れる側も、新たなメンバーを受け入れることができるのだろうかという不安を抱えることになります。そのため、スキンシップによる不安の軽減だけでなく、“You are OK”とありのままを受容・共感されることが期待できる運動遊びプログラムを提供することが効果的となります。

③否定的側面の発達課題を抱える心的サインの出ている子どもが含まれる場合

否定的側面の発達課題を抱える子どもは、無意識のうちに何らかの心的サインを発していることが多いものです。そのような場合、指導者は、スキンシップと仲間づくり（受容・共感）の要素が含まれる運動遊びを通して、子どもたちが無意識のうちに、肯定的側面の発達課題を補えるような場を提供することが効果的となります。

7 子どもたちの心的サイン

子どもたちの行動に表れる心的サインには、どのようなものがあるのでしょうか。また、運動遊びを通してどのような効果が得られるのでしょうか。実際の指導現場の事例として、次のようなものが挙げられます。ただし、同じ行動が必ずしも否定的側面の発達課題を抱える心的サインとは限らないことを、指導者は承知しておく必要があります。

①ほかの子どもとの身体接触を極端に嫌がるケース

乳児期のスキンシップ不足などにより、「不信」を抱えている子どものなかには、潜在的にはスキンシップを求めているが、それを上手に他者から享受できないケースが見られます。隣の子の肘が触れただけで、眉間にしわを寄せて嫌がる子がいましたが、“さかなとり（手つなぎ鬼）”（148~149、207ページ）などの遊びを通して繰り返しスキンシップをとる体験をするうちに、徐々に他者との身体接触に慣れると同時に、他者との関わりのなかでイライラすることが少なくなりました。

②休憩中、騒いでいる仲間の輪に入らず、壁にもたれて1人で座っているケース

幼児期の親の過干渉などの影響により、自分に対して自信がもてず、「恥・疑惑」を抱えている子どものなかには、自分の意思で自由に行動することが苦手なケースが見られます。指導者から与えられた遊びには参加できるものの、子ども同士の自然発生的な遊びには自ら溶け込めない子がいました。それでも、“大根抜き”“人間知恵の輪”などの遊びを通して自ら他者の手をつかみ、協力する体験をするうちに、徐々に自分の意思で子ども同士の輪のなかに溶け込めるようになりました。

▲大根抜き

▲人間知恵の輪

③指導者の説明を聞き逃してはいけないという、強い危機感をもって聞いているケース

幼児期、学童期の親の厳しすぎるしつけや価値観の押しつけ、結果管理などの影響により、「罪悪感」「劣等感」を抱えている子どものなかには、間違いや失敗を必要以上に恐れ、常に周りの顔色をうかがうというケースが見られます。指導者の顔色をうかがって遊びを楽しめない子がいましたが、“ブレーメンの音楽隊”や“ところてん鬼”などの遊びを通して仲間に受容・共感される環境のなかで、自ら積極的に他者と関わる体験をするうちに、徐々に子どもらしく笑顔で活動できるようになりました。

▲ところてん鬼

④自らがイニシアチブをとらなければならない遊びに難色を示すケース

幼児期の親の過保護、過干渉の影響により、「自律性」が十分に獲得できなかった子どものなかには、集団のなかでわがままな言動が目立つケースが見られます。受動的に関われる遊びには抵抗なく参加するのですが、号令をかけるなど、自らが主体的に関わる場面があるような遊びのときには参加を渋る子がいました。しかし、"木とリス""王様鬼ごっこ"などの遊びを通して、自らの発信によって全体を動かす体験をするうちに、徐々に自分に対して自信がもてるようになり、セルフコントロールができるようになりました。

▲木とリス

8 指導者の役割

スキンシップと仲間づくりの要素が子どもたちの運動遊びプログラムに必要不可欠であると述べてきましたが、その効果を上げるためには、指導者の関わり方が大変重要になります。指導者の役割は、子どもたちを"育てる"ことではなく、子どもたちが自ら"育つ"「環境」を、子どもたちとともにつくることです。

次に、子どもたちを内発的に動機づけ、彼らが自ら身体を動かしたくなるような「場・しかけ」づくりを指導者が意図的に行い、適切に関わることによって、身体活動の継続性や習慣化が促されます。そして、さまざまな体力要素や自律性、積極性、主体性、勤勉性などの心的要素が育まれるのです。

9 指導者の関わり方

子どもの身体的な発育・発達において、ゴールデンエイジに見られる、新しい動きを何度か見ただけですぐに身に付けることができる「即座の習得」という特徴の基礎となるのが、前段階のプレ・ゴールデンエイジにおける「基本的な動きの習得」です。それと同様に、子どもの心理的な発育・発達において、学童期に見られる「勤勉性」の基礎となるのが、前段階の幼児期における「自律性」「積極性」なのです。そして、それらの基盤となるのが乳児期における「基本的信頼」となります。

そのため指導者には、「教える」という立場からの一方通行的な指導ではなく、個性と自主性を尊重し「共に考える」ことで、子どもたちとの信頼関係を築き、肯定的な言葉掛けを多くし、彼らが受容・共感され、安心できる雰囲気のなかで、「見守る」「待つ」というコーチング的関わりをすることが求められます。

成績などの結果管理ではなく、いかに頑張ったかという経過管理を重視して向き合うことで、子どもたちが自分の意思でコントロールすること（自律性）を覚え、心的な自信が芽生え、自分の目的や課題を積極的に立てて自ら行動（主体性、積極性）し、やればできるということを経験し、頑張る姿勢を身に付けること（勤勉性）につなげることが大切なのです。

10 「見守る」「待つ」ために

実際の指導現場において、子どもたちの個性と主体性を尊重し、「見守る」「待つ」というコーチング的関わりをするには、どのようなことに配慮すればよいのでしょうか。ここでは、「約束」「ティーチング」「話し合い」の3つの指導者の関わり方を示すことで、その具体策を考えてみたいと思います。

●約束

幼児〜学童期の子どもたちは、多種多様な刺激を求め、動いていないと気が済まない（運動衝動）という特徴が見られるため、指導者の適切な関わりがなければ、むやみに動き回るなどの行動が見られ、時に危険を伴います。

そこで、指導者には子どもたちを見守るために、彼らと共通認識をもつことが必要になります。具体的には「決められた場所から外に出ない」など、守るべきルールを活動前に彼らと約束するのです。しかも、その理由をしっかりと伝え、彼ら自身がその意味を考えられるように働きかけることが重要です。子どもたちが約束を守れているときは「褒める」、守れていないときは遊びを中断し「叱る」「話し合う」といった指導者の関わり方が、彼らの自律を促すことにつながります。

一方、約束（共通認識）していないことを、指導者の価値観で押しつけるような関わり方は、仮に子どもたちが言われた通りに動いたとしても、それは外発的な動機によってであり、内面的には指導者への信頼感を損なうことにつながってしまいます。一方的な指示・命令で子どもたちの行動を枠にはめて管理するのではなく、共通認識の範囲内で質問・提案を投げかけることによって、子どもたちが自ら気づき、行動をコントロールできるように導くことが大切なのです。

●ティーチング

コーチングによって、相手の自発的な行動を引き出すためには、まず指導者がティーチングによってさまざまなことを子どもたちに伝える必要があります。

例えば、前述のように「約束」したことについては、それが守られていない子どもに対して「決められた場所はどこまでだったかな」という質問が相手の気づきを促し、自発的な行動を引き出すために有効になります。

また、"ほかの子どもとの身体接触を極端に嫌がるケース""仲間の輪に入らず1人で座っているケース"（心的サイン①②：49～50ページ）のような子に対しても、「楽しいからみんなと一緒に遊びましょう」という声掛けより、まずは指導者が率先して楽しいということを体験的に伝えることが大切なのです。

具体的には、手押し相撲のような1対1でスキンシップのとれる遊びを仕掛けるとよいでしょう。そうすると、その周りに自然とほかの子どもたちが集まってきて「やりたい！」と訴えてきますので、そのタイミングで指導者がその場から身を引き、子ども同士の遊びに発展させることで、「みんなと一緒に遊ぶことが楽しい」ということを体験する場を提供できるのです。

●話し合い

遊びのなかでよく見られるものの1つに、子ども同士がもめている場面があります。しかし、これはグループが成長している証しでもあり、子どもたちの心的成長のチャンスでもあるのです。このような場面にこそ、指導者の「見守る」「待つ」といった関わり方が重要になるのです。

例えば、親の厳しすぎるしつけや過保護、過干渉の影響で「罪悪感」「劣等感」の強い子ども（50ページ心的サイン③：50ページ）のなかには、他者の不正に対する不平、不満を指導者に訴えて解決してもらおうとする傾向が見られます。しかし、これも介入せず見守ることで、徐々に自らの主張を相手に伝えることができるように成長していくのです。

また、号令をかけることが苦手な子（51ページ心的サイン④：51ページ）が鬼になり、遊びが止まってしまうようなケースも見られますが、指導者は遊びの再開を急がず、子どもたちの話し合いによる解決を待つようにします。

話し合いが長くなり、遊びが再開できないこともありますが、子どもたちの次への布石となり、攻撃的な発言をしていた子が他者を受容・共感し、適切な関わりができるような行動変容が見られるなど、子どもたちのコミュニケーションスキルの向上が期待できるのです。普段から遊びのなかで作戦タイムをとるなど、子どもたちの話し合いの場を提供することが重要です。

10 おわりに

運動遊びによる心の発育発達は、身体の発育発達の副産物ではなく、指導者の適切な関わりによって育まれる運動遊びの主要な成果です。そのため指導者には、子どもたちの身体的発育発達のみならず、心理的発育・発達に対する知識も必要とされるのです。

指導者の適切な関わりによる子どもたちの心の成長が、運動遊びの継続（運動の習慣化）につながり、結果として得られる子どもたちの心身の健康が、彼らの生涯スポーツの基盤となることでしょう。

『三丁目の夕日』から考える運動遊びのこころへの影響

佐藤善人

1 はじめに

子どもたちを取り巻く現代的な問題、例えば「いじめ」や「引きこもり」など、彼らの「こころ」に起因する事象がクローズアップされて久しくなりました。教育現場、家庭、地域がさまざまな手立てを講じてはいますが、これらの問題が減少したという話を聞くことはまれです。どちらかというと、増加したりエスカレートしたりしているのではないでしょうか。

こういった問題を改善する特効薬を見つけるのは容易ではありません。しかしながら、その改善に向かうヒントは、スポーツ指導に関わる私たちに身近な、「運動遊び」にあるように筆者は考えています。なぜならば、これら子どものこころを巡る問題が生じている現在と、そういったことが大きくは話題とならなかった過去とを比較した場合、最近では、この運動遊びが子どもの周りから遠ざかっていることに気づかされるからです。

ここでは、『三丁目の夕日　夕焼けの詩』(西岸良平著)を手がかりとして、運動遊びがこころに与える影響について考えてみます。これは映画『Always 三丁目の夕日』の原作となった作品であり、**漫画1**は子どもたちが「馬乗り」という遊びに興じている一場面です。舞台は昭和30年代、高度経済成長期を迎えた日本の下町の様子が詳細に表現されています。

馬乗りは、馬を数人で数珠つなぎに組み、勢いをつけて走ってきた子どもが飛び乗ることでその馬を崩す、という遊びです。さて、馬乗りを経験したことがある方はいらっしゃるでしょうか。筆者がある研修会の参加者に質問したところ、45歳前後を境にして経験者と未経験者とが分かれました。昭和40年代には、馬乗りは子どもの周りから徐々に消えていったようです。やや危険な遊びであったこと、3つの間(時間・空間・仲間)が減少したことなど、いくつかの理由が考えられます。

この例のように、運動遊びは子どもの周りから遠ざかっていきました。そして現在の子どもの多くは、テレビゲームやポータブルゲームで遊んだり、スポーツ少年団やクラブなどでスポーツをしたりしています。筆者は、これら運動遊びの減少や子どもの遊びの質的な変化が、冒頭で述べたこころの問題を引き起こす大きな原因の１つとなっている、と考えているのです。

2 運動遊びがもつ教育的価値

①運動遊びが導き出す思いやりのこころ

では、なぜ運動遊びの減少や子どもの遊びの質的な変化が、子どものこころに大きく影響しているのかを考えてみましょう。**漫画２**は、私立小学校に通い自宅近くに友達がいない小山君を遊びに誘う場面です。誘うのを止めようとする子どももいますが、「仲間はずれはよくないよ」と、一平君がリーダーシップを発揮して誘い入れます。このことをきっかけに、小山君は馬乗りや缶けりをして近所の子どもと遊ぶようになりました。

運動遊びの多くには仲間が必要となります。もちろん１人で遊ぶ剣玉やお手玉のような伝承遊びもありますが、そもそも子どもたちは群れて遊ぶのが大好きです。漫画2のように、仲間を誘い合う行為は、運動遊びで

漫画1　西岸良平（1991）『三丁目の夕日 夕焼けの詩』31巻，小学館，p.82.

漫画2　西岸良平（1991）『三丁目の夕日 夕焼けの詩』31巻，小学館，p.86.

は必然です。子どもは大好きな運動遊びを大切にしていますから、その運動遊びをしたい仲間も大切にするのです。ここでは、ほかの小学校に通う子どもまで思いやり、一平君は小山君に声を掛けています。

以前訪れた小学校で、昼休みに「こおり鬼」に興じる子どもの姿を見る機会がありました。広い校庭を使って20名程度が遊んでいたのですが、遅れてやってきたAさんが「入れて～!!」と声を掛けました。ほかの子がどうするのか、注目していました。すると、既に遊んでいた誰かが「いいよ!!」と言い、Aさんを遊びへと引き入れたのです。Aさんは早速元気に走りだしました。

運動遊びを通してこういった経験をした子どもは、友達を大切にすると思われます。気が合わない友達がいても攻撃せず、なんとか自分から打ち解けようと努力するはずです。さらに、困っている仲間がいたら手を差し伸べる、優しい行動がとれるようになるのではないでしょうか。

②遊びの可塑性が引き出す創造力

漫画3は、「空母着艦ゲーム」に興じる場面です。一見すると先述の馬乗りをしているようですが、馬乗りは危険なため学校で禁止されてしまいました。そのため、手を広げて

漫画３　西岸良平（1991）『三丁目の夕日 夕焼けの詩』31巻,小学館,p.92.

「チャッカーン」と声を出しながら馬に乗るルールに変更して行っているのです。子どもたちは、学校で禁止されたくらいでは大好きな遊びを諦めたりはしません。継続して楽しむために、少しだけルールを変えて馬乗りをして遊んだのです。

このように遊びのルールには可塑性があります。子どもたちは自分たちが楽しめるように、都合よくルールを変更して遊びます。これは、スポーツ少年団やクラブで行うスポーツとは決定的に違うところです。スポーツには決められたルールがあり、そのルールを子どもが勝手に変更しプレーすることは、通常認められていません。

もちろん、運動遊びのルール変更には参加する子どもたちの話し合いが必要になります。どうすればより楽しめるのかを話し合います。例えば鬼遊びであれば、「人数が増えたから鬼を１人増やそう」とか「子の逃げる範囲を狭くしよう」とかというルール変更は容易にできます。時には異学年で遊ぶこともあるでしょう。６年生は、鬼になった１年生の動きに合わせてゆっくり逃げます。逆に６年生が鬼だったら、１年生が十分走り回って逃げることを楽しんでからタッチするでしょう。このような、遊びのマナーも身に付きます。

こういった経験をした子どもたちは、「考える力」を自然に身に付けるでしょう。きっと集団で遊んだり学んだりすることに対しても、その魅力や価値を理解するはずです。

③運動遊びを通して知る「痛み」

漫画３では、このあとの場面で、小山君が着艦に失敗して馬から落ちケガをしてしまいます。このあと小山君は病院に運ばれます。もちろん、運動遊びを安全に行うことには異論を挟む余地はありません。ましてや、病院に運ばれるようなことはできるだけ避けなければダメです。しかし、大事には至らない程度のケガによる「痛み」は知るべきではないか、と考えています。

運動遊びにはケガはつきものです。転んで膝を擦りむいたり、ボールで突き指をしたりする子どもはたくさんいます。こういう痛みを伴う経験を通して、「これ以上すると大ケガするぞ」「今回のルールは少し危ないからやさしくしよう」「体の調子が悪いから遊びに参加するのはやめよう」などといった、危険を回避する力を培うのだと思います。

最近では、「カッとなってナイフで刺した」「相手の意識がなくなるまで殴り続けた」といった報道がなされることは少なくありません。テレビゲームなら、自身の操作するキャラクターが危険になればリセットすることができますし、相手キャラクターを殺傷するむごい行為も受容されます。私たちが驚くような事件が起こるのは、こういったバーチャルな遊びを中心に行ってきたがために、子どもの頃に感じるべき身体の痛みを経験してこなかったことが、起因しているのかもしれません。

3 運動遊びのリアルな面白さ

ここまで述べてきたように、運動遊びには子どものこころを豊かにする教育的価値がありそうです。しかし、私たち大人が忘れてはならないのは、子ども自身は教育的価値を求めて遊んでいるわけではない、ということです。

「プレイ論」の提唱者であるホイジンガは、彼の著書『ホモ・ルーデンス』の中で、人はなぜ遊ぶのかについて述べています。彼は「遊びは遊び以外の何ものかのために行われる」という伝統的な解釈に疑問を投げかけ、遊びとは何かのためではなく、遊びがもつ面白さを求めて行われる行為だと主張しています。

子どもは「社会性を身に付けるために鬼ごっこをしよう」とか「創造性を高めるためにルールを工夫しよう」などとは考えていないでしょう。今行おうとしている運動遊びがただ面白いから遊ぶのだと思います。つまり、『三丁目の夕日』に登場する子どもたちは、馬乗りや缶けりといった運動遊びに内在する面白さに導かれて、夕暮れまでひたすら遊び続けたのです。その過程で、種々のこころの成長を獲得してきたといえます。

では、現代の子どもはなぜ運動遊びから遠ざかっているのでしょうか。

決して運動遊びの魅力が消失したからではありません。テレビゲームの台頭により、汗をかかず疲れもせずに楽しめる遊びに、子どもの志向が流れています。またスポーツ少年団やクラブに入り、ルールが明確なスポーツを「指導」されている子どもが増加しています。

こういったことが影響してか、近年、子どもは運動遊びの種類や遊び方を知らないという実態が報告されています。ある調査によれば、現在の小学生の75％は缶けりで遊んだ経験がないそうです。遊ばない理由の1割は、缶けり自体を知らないというものです。つまり、子どもは放っておいたら外で遊ぶという時代は終焉を迎えたといえます。昔であれば運動遊びは上級生から下級生へ「伝承」されました。しかし、地域での群れ遊びが減少している昨今では、運動遊び自体を大人が子どもへ教えなければ、子どもは運動遊びで遊べないということができるのです。

4 おわりに ～ACPの豊かな可能性～

ACPのDVDとガイドブックには、さまざまな運動遊びが紹介されています。もし、ACPそのものをまだ手にされていない方がいらっしゃいましたら、日本体育協会のホームページから無償でダウンロードしてください（すべてのコンテンツが公開されています）。

私たちスポーツ指導に関わる者は、子どものこころを育てる可能性をもつ運動遊びを、それぞれのフィールドで積極的に実践していく必要があると思います。もちろん、ACPに紹介されている運動遊びでなくてもかまいません。指導者の皆さんが昔遊んだ運動遊びを、紹介していただければよいのです。

ただし、ここで留意したいことが1つだけあります。それは子どもたちの実態に合った運動遊びを提供しているかということです。例えば、低学年の子どもに複雑なルールの遊びは適さないでしょう。一方で、サッカーの指導に当たる前に鬼遊びを導入することは、動きの系統性からいっても適していると考えられます。

私たちはスポーツ指導の専門家として、発育・発達段階や主運動とのつながりから運動遊びを選択し、子どもたちに提供する必要があります。こういった地道な努力は、『三丁目の夕日』のように、地域で運動遊びに興じる子どもたちの姿を呼び戻すかもしれません。そんなことを夢見つつ、ACPを手がかりとした実践の広まりを期待しています。

第一章
理論編

幼児編

なぜ幼児期から体力向上に取り組むことになったのか？

内藤久士

1 幼児にも忍び寄る体力低下の影

すべての人々がスポーツを通じて幸福で豊かな生活を営むことができる社会の実現を目指して、国は新たな「スポーツ基本法」に基づいて、平成24年にスポーツ施策の具体的な方向性を示す「スポーツ基本計画」を策定しました。そのなかでは、重要な柱の１つとして「幼児期からの子どもの体力向上方策の推進」がうたわれています。

この背景には、いうまでもなく、運動をする子どもとそうでない子どもとの２極化傾向や体力低下の問題が依然として解決できず、大きな課題であることが関係しています。

例えば、平成20年より文部科学省が行っている全国体力・運動能力、運動習慣等調査によれば、身体を動かす時間が『１日に』60分未満の小学生はもはや普通の存在になりつつあり、中学生女子では『1週間に』60分未満の子どもが全体の3割にも達しています（**図１**）。

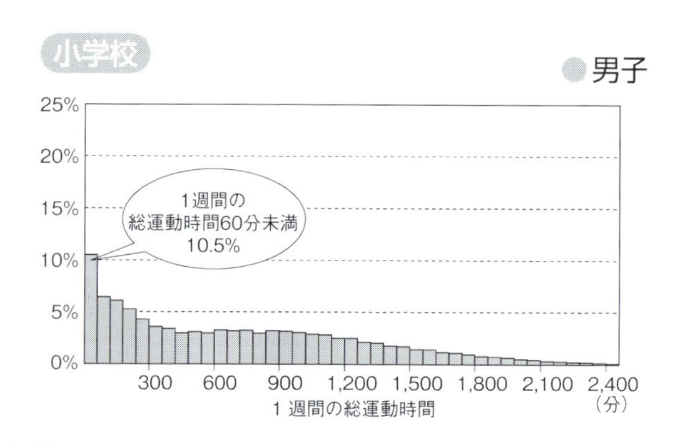

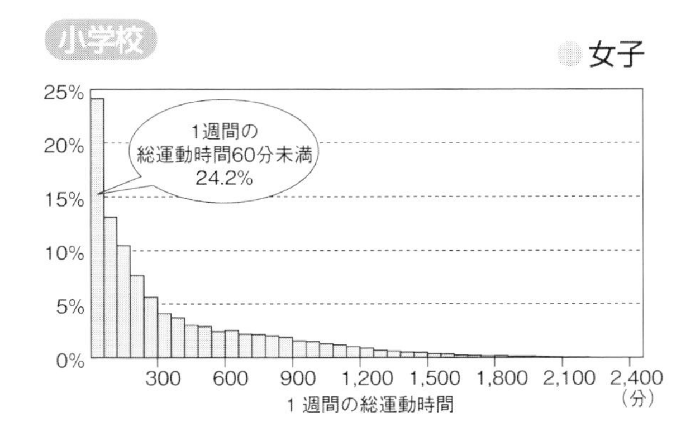

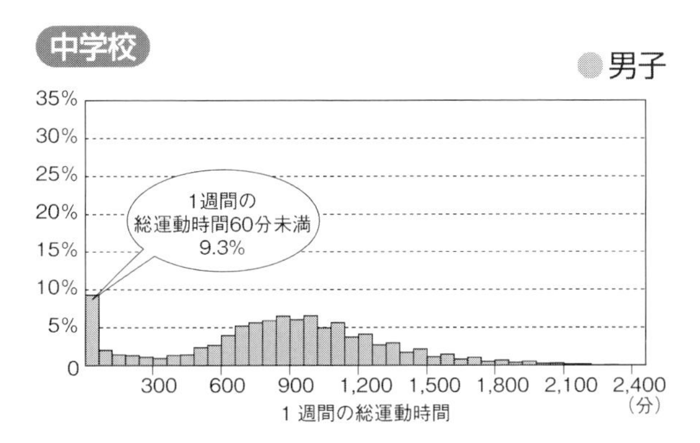

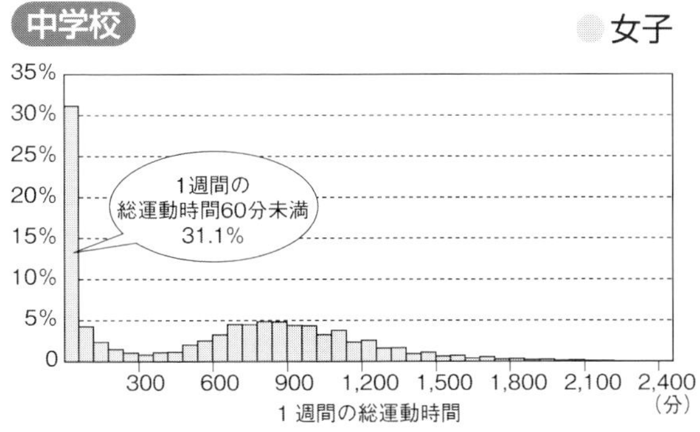

図1　小学5年生および中学2年生の1週間の総運動時間の分布
文部科学省「平成23年度全国体力・運動能力、運動習慣等調査」検討委員会（2012）
子どもの体力向上のための取組ハンドブック.

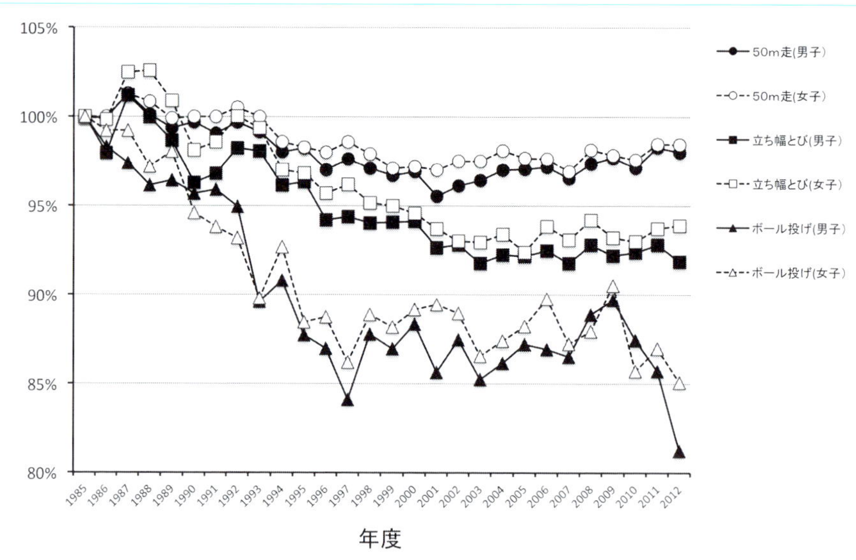

図２　小学4年生の走跳投の記録の相対的変化
昭和60（1985）年の値を100%とした（文部科学省　体力・運動能力調査報告書より作図）

また、体力は一部のテスト項目で向上の兆しが認められるものの、依然多くの項目は親が子どもであった時代と比べると極めて低い水準にあり、特に、小学生では「跳ぶ」「投げる」などの全身を全力でタイミングよく操作する能力の低下が目立っています（**図２**）。

また、文部科学省が平成19年度から21年度に実施した「体力向上の基礎を培うための幼児期における実践活動の在り方に関する調査研究」においても、幼児の身体を動かす機会が減少していることがうかがわれる結果であったことから、現代社会は幼児の多様な動きの獲得や体力・運動能力にも大きな影響を与えていると考えられています。

実際、小学生以上の児童生徒に見られた昭和60年以降の急激な体力低下の傾向は、幼児においても同様であることが、一部の研究者らによって確認されています。

２今こそ「幼児期の運動の在り方」の再認識を！

平成20年の中央教育審議会の答

申には「体力は、人間の活動の源であり、健康の維持のほか意欲や気力といった精神面の充実に大きくかかわっており、『生きる力』の重要な要素である。子どもたちの体力の低下は、将来的に国民全体の体力低下につながり、社会全体の活力や文化を支える力が失われることにもなりかねない。子どもたちの心身の調和的発達を図るためには、運動を通じて体力を養うとともに、望ましい食習慣など健康的な生活習慣を形成することが必要である。そのため、幼いころから体を動かし、生涯にわたって積極的にスポーツに親しむ習慣や意欲、能力を育成することが重要である。…」と記されています。

その通り、幼児にとって身体を動かして遊ぶ機会が減少することは、その後の青少年の時代に運動やスポーツに親しむ資質や能力を育むことにマイナスであるばかりではなく、意欲や気力を低下させ、また、人とのコミュニケーションを構築できないなど、子どもの心の発達にも重大な影響を及ぼすことにもなりかねません。

体育が位置づけられている小学校以上では、学習指導要領の改訂を通じて体力や運動能力の向上を目指した取り組みをしていますが、先に述べた中央教育審議会の答申の内容を実現するためにはそれだけで十分ではありません。幼児期から運動欲求を満たす楽しさを十分味わえる活動の機会を確保することが、必要不可欠であるといえるでしょう。

ところが、幼児が主体的にそうした機会をつくり出すことは非現実的であり、保護者や、幼稚園・保育所などで幼児に関わる多くの人々が、幼児期の運動をどのように捉え、どのように実施するとよいのかについてその考え方をおおむね共有していくことが重要であると考えられます。

そこで、運動習慣の基盤づくりを通して、幼児期に必要な多様な動きの獲得や体力・運動能力を培うとともに、さまざまな活動への意欲や社会性、創造性などを育むことを目指し、幼児期の運動の在り方について一定の方向性、すなわち指針が重要になってきます。

このような経緯から、国は幼児期運動指針および同ガイドブックを作成し、体力・健康といった身体に関する内容だけではなく、身体活動の意義に「意欲的な心の育成」「社会適応力の発達」「認知的能力の発達」を盛り込み、長期的な視野をもって国民の体力・健康づくりを基礎から築き上げようとして、幼児期からの体力向上に積極的に取り組み始めることになったのです。

幼児期の体力・生活習慣の現状と課題

春日晃章

1 新体力テストから見えてきたこと

文部科学省が全国の小学生以上を対象に毎年実施している「体力・運動能力調査」によると、子どもたちの体力・運動能力は昭和60年前後をピークとして低下し始めました。平成10年頃まで低下の一途をたどり続け、その後、緩やかな回復傾向を示し始めています。もちろん、昭和60年頃の子どもたちと比べるとその差は今でも歴然としており、完全な回復とはまだまだいえない状況です。

さて、この調査結果を詳細に見ると、小学校低学年から既に低下が始まっていることがわかります。子どもの体力や運動能力特性は、数年来のライフスタイル（運動不足、活動不足）によるところが大きいため、専門家の間では「最近の子どもたちは、幼児期から既に体力低下が始まっているのではないか？」「幼児の生活習慣はどうなっているのか？」といった指摘がされるようになりました。この点を検証しようにも、幼児期の体力・運動能力や生活習慣を調査した全国規模のデータはないのが実態でした。

2 幼児を対象とした初めての大規模調査

児童期以降の調査、分析を踏まえ、子どもの体力向上には幼児期からの取り組みが必要不可欠であるとの声が年々大きくなってきました。そこで、文部科学省は、平成19年度から21年度までの3年間にわたって全国21市町村の幼稚園・保育所70園（実践園36、協力園34）を対象に、初めて大規模な調査（体力向上の基礎を培うための幼児期における実践活動の在り方に関する調査研究）を行いました。

この調査は、幼児期の子どもの体力や生活習慣の現状把握とともに、3年間の体力向上実践の成果を多角的に検証したものです。体力・運動能力を把握するために、25m走、ソフトボール投げ、立ち幅跳び、体支持持続時間、捕球、両足連続跳び越しテストが用いられました。以下に、この全国調査で明らかになった日本の幼児の体力や生活習慣の現状と課題について述べていきます。

3 幼児期の体力・運動能力特性

前述したように調査以前の全国データがないために過去との直接的な比較はできませんでしたが、いくつかの研究グループが行った過去の記録と比較してみると、やはり昔の幼児に比べて低い平均値を示す傾向にありました。実践園では、保育者や研究者の創意工夫のあるプログラムが展開され、3年間で走、跳、投の能力が向上しましたが、なかでも投能力の向上が顕著でした。

さらに、実践園を卒園した子の小学校入学後の新体力テストの結果を分析したところ、それ以外の子どもたちに比べてすべてのテスト項目において高く、合計点でも差が見られました(**図3**)。また、運動部・スポーツクラブに所属する比率や運動をする頻度も高かったことから、幼児期における継続的な体力向上のための実践活動は、就学後の活動的な生活スタイルを確立し、運動・スポーツへの興味・関心を高め、体力・運動能力つくりの基礎となる可能性が示されました。

4 幼児の生活習慣特性

日本の幼児の生活習慣を見てみると、平均で就寝時刻は21時07分、起床時刻が7時03分であり、10時間ほどの睡眠時間を確保していました。就寝時刻が22時以降の子どもたちも約20%いました。1日のテレビ視聴時間は平均で2時間10分、パソコンや電子ゲームをする時間は33分でした。約6割の幼児が0分(電子ゲームを持っていない)でしたが、年々電子ゲームの低年齢化のなかにあっては、今後ますます依存度が高くなることは危惧されるところです。食に関しては、朝ごはんを食べない日がある子は8.1%、好き嫌いがある子は41.0%、毎日おやつを食べる子は74.7%にも上りました。

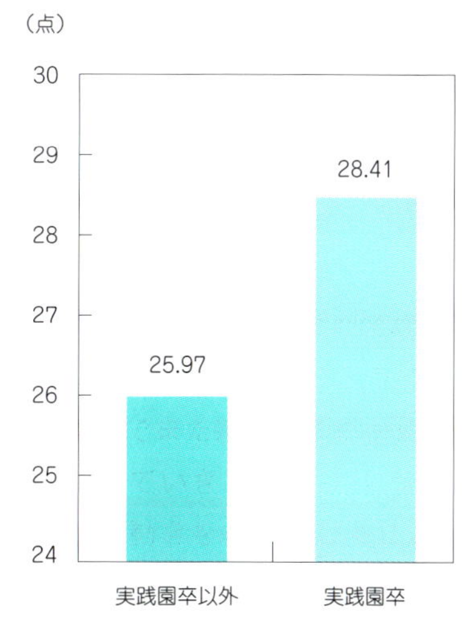

図3　就学後の体力テスト合計点

遊びに関しては、室内遊びのほうが多い子は47.9%、室内と戸外が同じくらいは33.8%で、明らかに戸外遊びが多い子は18.2%にとどまりました。晴天時に外遊びをする時間は、30分～1時間程度が35.3%、1～2時間程度が36.1％で、一緒に遊ぶ友達は60.0%が2～3人でしたが、1人で遊んでいる子も11.6%いました。

また、体力との関連を見ても、高い体力を有している子ほど、「多くの友達と戸外で活発に体を動かして遊

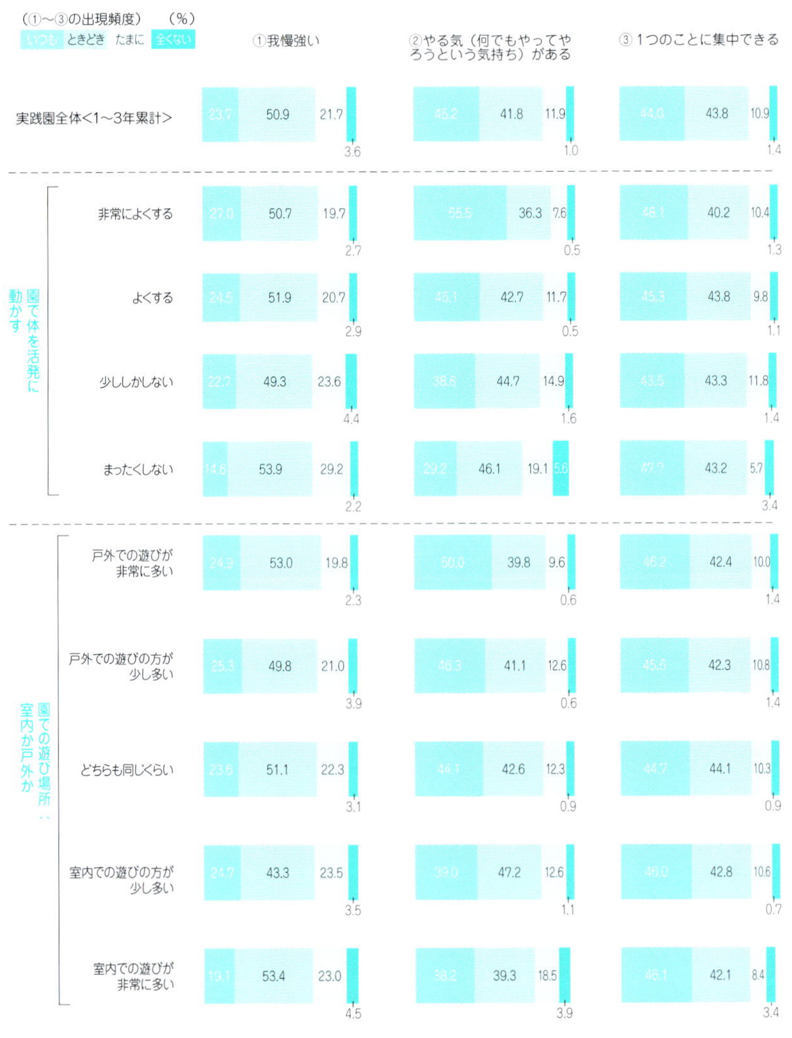

図4　幼児の性格特性と運動習慣

ぶ」割合が高いことがわかりました。さらに、幼児の運動実施状況には保護者の運動習慣や運動経験が関係しており、幼児期は子どもが幼いだけに、周りの大人の積極的な関与の必要性がうかがえました。

5 多くの友達と戸外で活発に遊ぶことの効果

保育者が評価した日頃の子どもたちの活動状況と心理的特性との関連を分析した結果（**図4**）、戸外で活発に体を動かしている割合が多い子ほど、その割合に応じて「我慢強さ」「やる気」「集中力」が高かったのです。つまり、幼児期の積極的な戸外遊びは、単に体力・運動能力が向上するだけでなく、心の健全な育みにも好影響を及ぼしていることがわかりました。

また、著者の研究においても活発な幼児は、「協調性」「社交性」「コミュニケーション力」が高く、社会性の育みにも寄与していることが予想されます。やはり、幼少期の子どもたちは、多くの友だちと群れながら元気よく戸外で遊ぶことが何より大切なのではないでしょうか。最近あまり聞かれなくなった「子どもは外遊びが仕事」「子どもは風の子」といった言葉は、今こそ復活させたい言葉ですね。

6 人生の基盤つくりは幼児期に！

体力・運動能力や生活習慣なども平均値化してしまえば大きな問題は見えないこともありますが、よくよく観察してみると少数派ですが、極端に体力の低い子、基本的生活習慣が乱れている子、全く戸外で活動しない不活発な子などがいます。長い人生を生き抜くためのスタートラインに立ったばかりの幼児であっても、極端な子どもがいる点に関しては、なんとかしなければなりません。特に幼児期は、周りの大人への依存度が高いため、保護者の役割がとても大きいといえます。いい換えれば、幼児期は子ども自身の責任ではなく、周りの大人次第で人生の基盤を良くも悪くも培うことになるのではないでしょうか。

一方、保護者の環境や社会環境も昔とは異なっているため、初めての集団生活の場である幼稚園や保育所、そして、運動・スポーツ指導者の役割も大切になっています。子どもを取り巻く環境を、体・心・社会性の健全な育みができるものにしてあげることが、大人の使命といえますね。このような国を挙げた調査研究が、幼児期の在り方を見つめ直す機会となり、平成24年3月に文部科学省から「幼児期運動指針」が策定されることとなりました。

幼児期における体力テストの実践例と体力向上の取り組み例

春日晃章

1 幼児の体力評価の必要性

著者らが幼児期の子どもを持つ約2,500名の母親を対象に「自分の子どもの体力レベル」を予想してもらったところ、約65%が実際の体力水準よりも高い評価をしていました。特に投能力に関しては、最も過大評価しているという結果でした。つまり、毎日一緒に生活している親でも正しく評価できておらず、心のどこかに「うちの子に限って…」があるのかもしれません。

したがって、幼稚園・保育所やスポーツ教室でも毎年1回、簡単な体力・運動能力テストを実施し、正しい評価を保護者に知らせることが大切であると思われます。また、指導者(保育者を含む)もその結果を見ることで、子ども1人1人の現在の状況を把握し、指導場面での取り組み効果を確認したり、指導プログラムの作成に役立てたりすることができるようになります。

2 幼児の体力・運動能力テスト

文部科学省が策定した幼児期運動指針では、運動能力テストとして立ち幅跳び、ソフトボール投げ、25m走、体支持持続時間、両足連続跳び越し、捕球の6項目が用いられています。また、著者は幼児の体力テストとして立ち幅跳び、ソフトボール投げ、25m走、体支持持続時間、握力、長座体前屈、反復横跳び(1本ライン)の7項目を採用し、これまでに1万人以上に測定をしてきました。

これらはいずれも最大能力発揮を前提としたテストですので、「幼児がテスト方法を理解して行えるのか?」といった質問をいただくこともありますが、大抵の子どもは歯を食いしばって全力でパフォーマンスします。もちろん、子どもたちが理解しやすい説明と全力を出しやすい言葉がけは必要不可欠です。そのほかにも、「できる」「できない」で評価する合否判定テストや、日頃の行動から推測して評価する行動観察テストなどもあります。

大切なことは、正確に測定し、それを評価することです。対象となる集団を評価することもありますが、できれば個人を対象とした評価をすることが、保護者や指導者にとって大切です。

著者も**図5**のような体力評価票を作成して、測定した子どもたちの保護者に配布しています。この評価票は、縦断的な測定にも対応しており、年間の伸び量の評価も可能となっています。ぜひ、皆さんにも1年に1回の体力・運動能力評価の実施をお勧めします。この結果を見て、「子どもと屋外で運動遊びをする時間を増やした」という保護者も多くいます。

3 体力向上のための取り組み紹介

①伝承遊びの活用と工夫

幼児期の子どもにとって最も大切なことは「楽しい」「面白い」「またやってみたい」という感情を抱かせるプログラムを用いることです。そのためには、比較的身体活動量のある伝承遊びを用いるとよいでしょう。元来、子どもにとって楽しい、面白いからこそ伝承されてきた遊びです。これらを利用しない手はありませんね。例えば「だるまさんが転んだ」などでも単に立って前進するのではなく、四つんばいで前進したり、片足ケンケンで前進したりするなど、多様な動きを取り入れた工夫が楽しみを倍増させます。

②運動会プログラムの工夫

幼稚園や保育所では、さまざまなカリキュラムがあり、運動遊びだけに焦点を絞ることはできません。そこで、どこの園でも行事として行う運動会の種目を少し工夫することも効果的です。

幼児期の運動会となるとお遊戯などが中心になりやすいのですが、走・跳・投を織り交ぜた種目を多用することもお勧めです。これなら、運動会の練習をしているだけでその動きが徐々に洗練されていきます。

③新聞紙ボールの活用

最近の子どもたちは投げることが苦手です。そこで、幼児には丸めた新聞紙を布テープで覆ったボールの活用がお勧めです。大きさを変えればサッカー、ドッジボール、ボール当て鬼ごっこなどもできます。

通常のボールと違って当たってもそれほど痛くなく、形が少々いびつでもあっても、逆にイレギュラーな転がり方や飛び方をするので、子どもたちの対応力の向上にも寄与します。家の中でも、親子でキャッチボールや的当てなどが楽しめます。

④○○したくなる仕掛けの活用

幼児は、ジグザグラインが引いてあればその上を歩いたり走ったりしたくなります。大きな的とボールがあれば投げて当てたくなり、土俵が描いてあれば、お相撲遊びをしたくなります。このように、自発的に動きたくなるようなさまざまな仕掛けをグラウンドや室内遊戯場に施しておくと、興味や関心も高まります。

⑤子ども自身に運動の大切さを伝える

現代の子どもたちは、幼児期から電子ゲームに夢中になっている子が多くいます。いくら園やスポーツ教室で一生懸命身体を動かしても、それ以外の時間が不活発では効果が上がりません。そこで、指導者や保護者は子ども自身に屋外での遊びや友達との運動遊びが大切であることを伝え、日頃から実践させるように心が

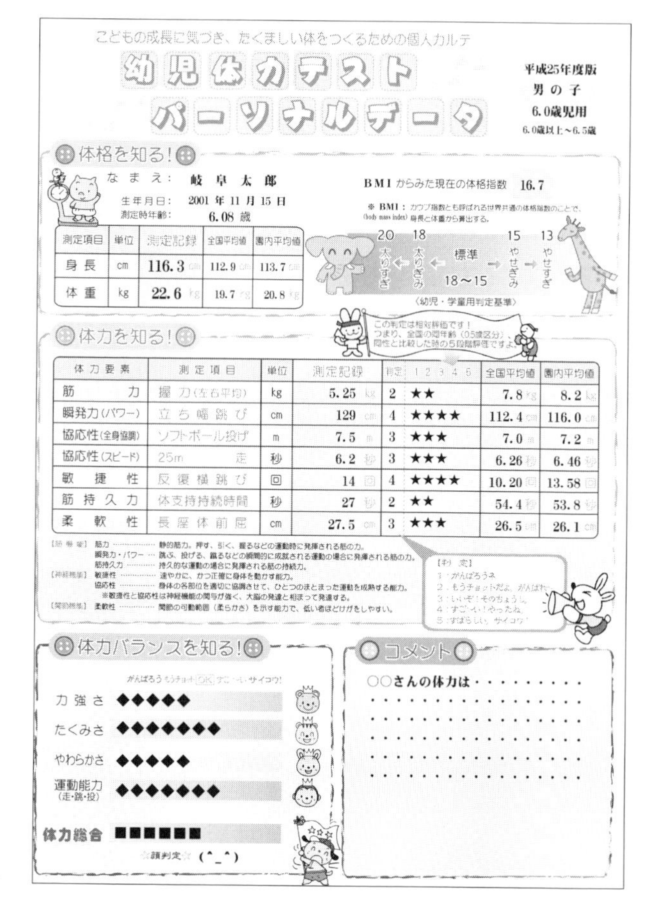

こどもの成長に気づき、たくましい体をつくるための個人カルテ

幼児体力テスト パーソナルデータ

平成25年度版
男の子
6.0歳児用
6.0歳以上～6.5歳

体格を知る!

なまえ：岐阜太郎
生年月日：2001年11月15日
測定時年齢：6.08歳

測定項目	単位	測定記録	全国平均値	園内平均値
身長	cm	116.3 cm	112.9 cm	113.7 cm
体重	kg	22.6 kg	19.7 kg	20.8 kg

BMIからみた現在の体格指数 16.7

※BMI：カウプ指数とも呼ばれる世界共通の体格指数のことで、(body mass index) 身長と体重から算出する。

20 太りすぎ ← 18 太りぎみ ← 標準 18～15 → 15 やせぎみ → 13 やせすぎ

〈幼児・学童用判定基準〉

この判定は相対評価です！
つまり、全国の同年齢（0.5歳区分）、同性と比較した時の5段階評価ですよ。

体力を知る!

体力要素	測定項目	単位	測定記録	判定	1 2 3 4 5	全国平均値	園内平均値
筋力	握力(左右平均)	kg	5.25 kg	2	★★	7.8 kg	8.2 kg
瞬発力(パワー)	立ち幅跳び	cm	129 cm	4	★★★★	112.4 cm	116.0 cm
協応性(全身協調)	ソフトボール投げ	m	7.5 m	3	★★★	7.0 m	7.2 m
協応性(スピード)	25m走	秒	6.2 秒	3	★★★	6.26 秒	6.46 秒
敏捷性	反復横跳び	回	14 回	4	★★★★	10.20 回	13.58 回
筋持久力	体支持持続時間	秒	27 秒	2	★★	54.4 秒	53.8 秒
柔軟性	長座体前屈	cm	27.5 cm	3	★★★	26.5 cm	26.1 cm

【筋機能】筋力……静的筋力。押す、引く、握るなどの運動時に発揮される筋の力。
瞬発力・パワー……跳ぶ、投げる、蹴るなどの瞬間的に成就される運動の場合に発揮される筋の力。
筋持久力……持久的な運動の場合に発揮される筋の持続力。
【神経機能】敏捷性……速やかに、かつ正確に身体を動かす能力。
協応性……身体の各部位を適切に協調させて、ひとつのまとまった運動を成熟する能力。
※敏捷性と協応性は神経機能の関与が強く、大脳の発達と相まって発達する。
【関節機能】柔軟性……関節の可動範囲（柔らかさ）を示す能力で、低い者ほどけがをしやすい。

【判定】
1：がんばろうネ
2：もうチョットだよ、がんばれ
3：いいぞ！そのちょうし
4：すごーい！やったね
5：すばらしい、サイコウ！

体力バランスを知る!

がんばろう もうチョット OK すごーい サイコウ!

力強さ	◆◆◆◆◆
たくみさ	◆◆◆◆◆◆◆
やわらかさ	◆◆◆◆◆
運動能力(走・跳・投)	◆◆◆◆◆◆◆
体力総合	■■■■■■

☆顔判定☆ (^_^)

コメント

○○さんの体力は・・・・・・・・・・

図5　幼児の体力評価票

けると、運動遊びの効果も発達量も大きくなります。ゲームのやりすぎは身体に良くないことも同時に伝えていきましょう。

⑥できるようになったことを認めて、具体的に褒める

幼児は、「周りの大人にできるようになった姿を認めてもらいたい」という思いを強くもっています。指導者や保護者は、少しでも上達した動きに気づいてやり、褒めることが大切です。「上手になったね」などと抽象的な表現ではなく、どんな動きがどのように上達したのかを伝えるとよいでしょう。

また、その上達に至った過程の努力や取り組みに関する成長に関しても気づいた点があれば、具体的に褒めてやると次への励みにつながります。

成長を知る!

身長

年少の時	103.7 cm	1年間の伸び	伸び平均
年中の時	109.7 cm	6.0 cm	6.48 cm
年長の時	116.3 cm	6.6 cm	6.60 cm

体重

年少の時	18.0 kg	1年間の伸び	伸び平均
年中の時	20.0 kg	2.0 kg	2.20 kg
年長の時	22.6 kg	2.6 kg	2.30 kg

発達を知る!

握力

年少の時	1.98 kg	1年間の伸び	判定	伸び平均
年中の時	3.00 kg	1.02 kg	A	1.05 kg
年長の時	5.25 kg	2.25 kg	A	2.19 kg

立ち幅跳び

年少の時	94 cm	1年間の伸び	判定	伸び平均
年中の時	108 cm	14.0 cm	B	16.8 cm
年長の時	129 cm	21.0 cm	A	19.3 cm

ソフトボール投げ

年少の時	2.8 m	1年間の伸び	判定	伸び平均
年中の時	4.0 m	1.2 m	A	1.02 m
年長の時	7.5 m	3.5 m	A+	1.60 m

25m走

年少の時	7.6 秒	1年間の伸び	判定	伸び平均
年中の時	6.9 秒	0.7 秒	A	0.60 秒
年長の時	6.2 秒	0.7 秒	A	0.67 秒

反復横跳び

年少の時	4 回	1年間の伸び	判定	伸び平均
年中の時	7 回	3 回	A	3.5 回
年長の時	14 回	4 回	A	4.0 回

体支持持続時間

年少の時	14 秒	1年間の伸び	判定	伸び平均
年中の時	20 秒	6 秒	A	5.8 秒
年長の時	27 秒	7 秒	A	6.8 秒

長座体前屈

年少の時	27.5 cm	1年間の伸び	判定	伸び平均
年中の時	28.0 cm	0.5 cm	B	2.00 cm
年長の時	27.5 cm	-0.5 cm	B	2.00 cm

【判定】
S :驚異的に発達しました（ビックリ!）
A+ :大きく発達しました（すばらしい）
A :順調に発達しています（安心安心）
B :やや伸びが小さいです（もう少し）
C :伸びが小さいです（がんばれ）

【1年間の伸び】前年の記録を引いた値です。＋の値が大きいほど発達が大きかったことを意味します。体支持持続時間や長座体前屈は－の値になることもしばしばあります。

【伸び平均】同年齢・同性における園内の伸びの量（1年間）の平均値です。

【判定】伸び平均値から算出した年間伸び量の判定です。左図の評価（相対評価）が低くても、この伸び判定（個人内評価）が順調であれば安心です。逆に左図評価が高くても、この伸び判定が低い場合は、まだまだ伸びる可能性があるので、油断せずがんばりましょう。

※ 相対評価：同一集団内での個人の相対的位置を明らかにする方法
　個人内評価：1人の子どもの個人内の変化を継続的に評価する方法

この1年間の発達評価

力強さ A
たくみさ A+
やわらかさ B
運動能力 A+
総合評価 A+
この一年でかなり体力が向上しましたるこの調子でがんばりましょう!

幼児の発達段階に着目して考えるACP

佐々木玲子

1 幼児の運動発達特性

走る・跳ぶ・投げるなど人間の行動を支える基本的な動きの大部分は、幼児期までにほぼ獲得されていきます。生まれて1年余りがたてば自分の脚で歩いて移動ができるようになり、そのことによって子どもの行動する範囲は広がり、自分の動く世界を拡大していきます。本来、乳幼児期から児童期にかけての子どもたちは、疲れを知らずに動き回り、走ったり、よじのぼったり、飛び降りたり、転がったりなど、身体を動かすことの欲求は強く、静かにじっとしていることが困難な時期にあります。

図6の例に示すように、幼児の日常の活動中にはいろいろな動きが見られます(文部科学省、『幼児期運動指針ガイドブック』)。姿勢を保ったりバランスをとったり、あるいは走ったり跳んだり動き回ったりしながら自分の身体をコントロールする動き、また物を運んだり、ボールを投げたりなど何かほかのものを操作する動き、などに分類され、その数は非常に多種類にわたります。

子どもが新しい動きを獲得し、さらにうまく動けるようになる、このことを支える大切な機能は神経系の働きです。神経系の発達により動きが生み出され、また行った運動、行動そのものによって神経系の発達が促進され高められるというように、相互発達的に変化していきます。その発達を促すためにも、この時期には多様な運動刺激が大変重要だといえます。

2 幼児の体力・運動能力の現状

全国調査の経年的資料を基にした学齢期以上の子どもたちの体力・運動能力低下の現状については、これまでに繰り返し示されていますが、幼児の段階でも既に同じことが起こっているようです。走る・跳ぶ・投げるなど基本的な運動全般の記録を見ると、1980年前後と比べて2000年代の子どもたちのほうが低くなっています。また、保育や指導の現場か

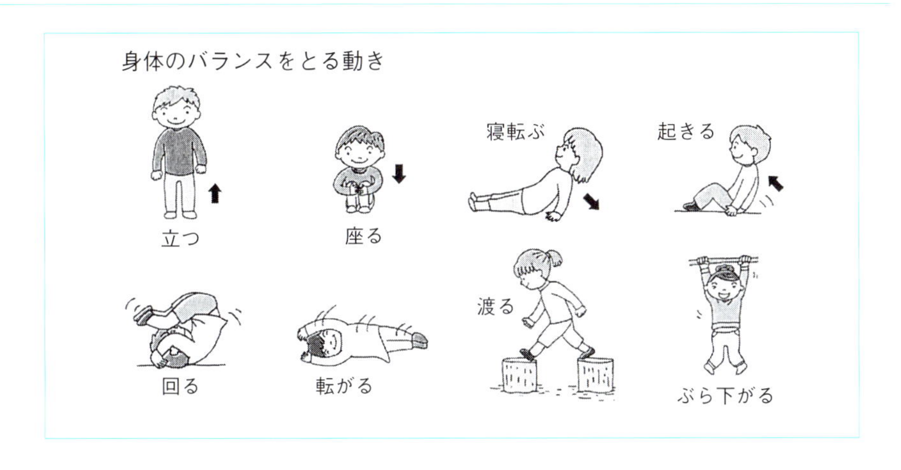

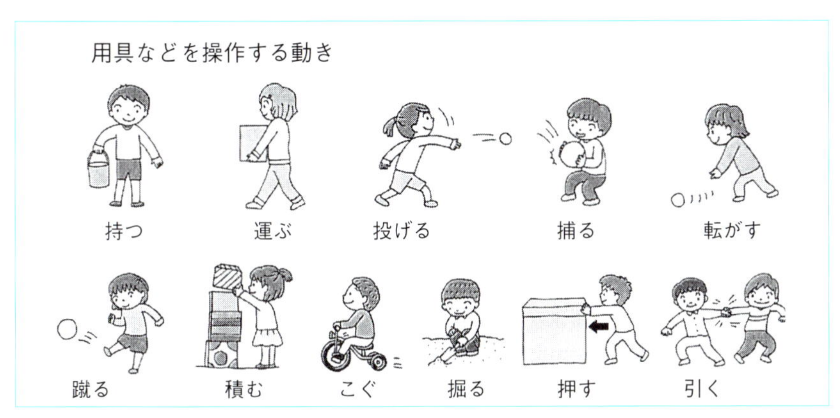

図6　幼児期に経験する基本的な動きの例

文部科学省「幼児期運動指針策定委員会」(2012) 幼児期運動指針ガイドブック～毎日、楽しく体を動かすために～.

らも、最近の子どもたちにケガが増えていることや、動きが不器用でぎごちない様子が気になるといった声が聞かれます。さらに、基本的な動き(走・跳・投など)のフォームを観察的(質的)に評価した調査によると、今の年長児(5・6歳)の“動き方”は20年前の年少児(3・4歳)レベルだといわれます。

これらのことからも、子どもたちはやはり幼児の段階からさまざまな運動経験や、それを満足させる運動量が不足していることは否定できません。加えて、全身運動だけでなく、スプーンや箸、ハサミ、鉛筆の持ち方、服の脱ぎ着などの日常生活動作と呼ばれる動きも、以前に比べてできなくなっている子どもが増えているといわれます。子どもたちが日常生活全般を通して、身体を動かすことにしっかりと取り組んでいかなければならないと強く感じます。

3 動きの未熟さの原因

これまでの多くの調査で、普段から活発に動いて活動量の多い子どもは、さまざまな運動のレベルも高いという関係があることがわかっています。しかしながら、もう少し細かく見てみると、運動の種類によってその関係には少し違いがあるようです。例えば、走・跳の能力は、確かに日常の活動量(歩数など)が多い子のほうがその能力が高いという傾向が強いのですが、ボール投げやまりつきなど物を扱う運動については必ずしもその関係が認められません。すなわち、運動や遊びをたくさん行っている“活発な”子でも、実際にやっている動作の種類としては案外限られており、そのなかに含まれていない動きも結構あるということが想像できます。

さまざまな遊びを経験するなかで、自然に(＝知らず知らずのうちに)いろいろな動きを身に付けることができる—まさにこれは理想の形です。ところが昨今の環境も相まって、やらないまま大人になってしまう、という動作も随分ありそうですし、また教わらないと上手にできるようにならない動きもあるでしょう。したがって、動きを教えることも必要になります。ただし、説明を聞いて順番を待って…という大人型の運動指導がなじまないのが幼少期ですから、遊びを上手に使って子どもが楽しみながら動きを獲得する、あるいはその基礎を育むための工夫や仕掛けが、より重要になってくるでしょう。

4 幼児の運動環境

繰り返しいわれるように、子どもたちの動きの未熟さは運動経験の不足が原因の1つです。しかしその一方で、子どもたちに多くの運動実施・

スポーツ参加を促す動機の1つは、運動スキルが高いことやそのこと(できるということ)の自己認識であるともいわれます。したがって、その入り口である幼児期には、まず遊びを通じてさまざまな動きを経験するなかで、運動そのものの楽しさを体感し、それが運動への次なる動機となって自然に多くの動きが獲得できる、といった循環をつくっていく環境が重要だといえるでしょう。

幼児では、幼稚園、保育所、家庭、生活地域など、その運動環境に個人差が生じる可能性が学齢期の子ども以上に大きいと考えられます。したがって保育者、保護者をはじめ、大人がどのように環境を整え得るのか考えていく必要性があるのです。

5 動ける身体(からだ)の土台づくり

図6に例として示した幼児期、幼少期に身についた基礎的な身体の動きは、その後のさまざまな動き、運動が発展していく土台となります。年齢を重ね、いろいろな運動やスポーツに触れ、自分もやってみたい、憧れの選手と同じようなプレーがしてみたい、と思ったときに少しでもそれらしい動きができれば楽しさも増し、手をかけた扉をさらに大きく開くことができるでしょう。ところが、せっかくやろうと思ったプレー以前に“基本的な動き”の練習からしなければならないという現実にぶつかってしまうと、開けようとしていた扉を閉めてしまうということにもなりかねません。また、土台となる基礎的な動きは、スポーツに限ることなく、日常生活での動作や身のこなしなどをスムーズに効率よく行っていくことにもつながります。

幼児期に身体を動かして運動することを楽しんだ経験をもつ子どもは、その後も活動的な傾向にあるという調査結果があります。幼少期に運動をすることは、単に運動をしているそのときだけの体力や運動能力を問うのではなく、大人まで続く後々の運動習慣や生活習慣に引き継がれていくことに意味があるのです。

6 運動遊びによって育まれるもの

運動遊びによって育まれるものは、もちろん身体の発達だけではありません。幼児期の成長過程において、心と身体は相互に関わり合いながら育っていきます。運動遊びを通して、知覚・認知機能の発達も促されます。自分が動くことによって起こる事柄を認識しながら新たな働きかけを繰り返し、脳や神経系の発達も相乗して、だんだんと動きは上手になっていきます。

身体の状態、あるいはいろいろな

動き方をしたときに、どんなふうに感じるか、一緒にやっている友達はどんなふうに感じているか、自然の法則の一部として存在する自分自身の“身体”がその認識活動を深めるいい素材になります。“マットの上に飛び降りるのと、固いコンクリートの地面に飛び降りたときの身体が受ける感じはどうだろう”。「やわらかかったー」「ビーンときて足が痛かったー」。“栗のイガイガをぎゅっと握ったら痛いね。痛くないように上手に持てるかな”。「チクチクしないようにそーっと持てばいいよ」

まず身体がどんな感じになるのかを実体験し、感じたことを言語化しながら共有していくことで、認知的機能も高まります。自分の身体を認識の対象として扱うことや、それを友達と比べることを通して、自我と他我の意識や社会性の認識が促され、さらに生命の大切さを意識していく手がかりにもなっていきます。

また、さまざまな動きの経験に伴って、時間的、空間的な認知能力も発達し、事柄を予測する能力も育っていきます。試行錯誤しながら工夫して動くこともできるようになり、動きの要領を自分でつかんでいく様子も見られます。

5～6歳になれば自分たち、仲間同士で工夫することにも楽しさを感じます。難しい動きや技もどうやったらできるかをお互いに言い合ったり、できる子ができない子に教えたり、といった光景も見受けられるようになります。多くの友達と関わり合いながら、社会性やコミュニケーション能力も高められていきます。幼児にとっての運動遊びは、心の発達にも大いに刺激を与える重要な意味をもちます。

7 動くことへの動機づけ

遊びは子どもたちがやりたいと自ら思う内発的動機によってなされるもので、自由度の高い活動です。したがって遊びは子どもの思いのままに発展していきますし、一方でつまらなくなれば終わってしまいます。子どもたちが次への展開にわくわく・どきどきしながら、夢中になって取り組む場面が望ましい姿といえるでしょう。年齢が進むにつれ、自分たちが楽しく遊べるようにルールを作ったり、新しい遊び方を創り出したりするなど、豊かな創造力を育むことにもつながっていきます。

積極的に身体を動かす子は、「やる気」「我慢強さ」「友達関係が良好」「社交的」など前向きな性格傾向にあるようです。この前向きな傾向は「有能感」（「自分はできる」という感覚や自信）によって支えられています。運動の結果についても否定的な評価をせず、子どもがどこかで有能感をもてるような働きかけをし、運動が好きになるような方向づけをしていくことが望まれます。

４歳頃になると、課題に対してできる・できないという結果が自分でわかるようになってきます。できないことでなんとなく抱く違和感を自ら克服したいと思う子もいれば、逆にそれをきっかけに消極的になってしまう子もいます。後者の子には、「有能感」とは逆の「無力感」をもってしまうことがないよう、適切な言葉かけやその後の運動への取り組みの工夫なども必要になるでしょう。

8 幼児に適した運動プログラムとは

運動（遊び）のプログラムは、年齢

に応じて段階的にそれぞれのものを提供するというよりも、発育期の基本となる考え方をどのように適応させていけばよいかを、指導者側が対象に応じて工夫することが重要になります。

幼児の段階では年齢差、個人差が非常に大きいため、動きそのものの細かな出来栄えにはさほどこだわらず（見ることは必要ですが）、音や言葉、リズムや音楽などを使った手遊びやリズム遊び、表現遊びなどで感覚と動きとの統合性を高めたり、身体を使ってできるさまざまな動きを引き出してあげたりするといったことなど、幼児に対してならではの働きかけを意識するとよいのではないでしょうか。

幼児は児童の縮小版や簡易版と考えるのではなく、幼児の心身の特性に基づいた遊びや遊び環境の提案も必要になってくると考えられます。

子どもの動きをよく見よう
～幼児の動きの観察と評価

佐々木玲子

1 幼少期の動きの獲得 ～どのように身に付いていくか

自分の身体がうまく扱えない、不器用な動きを呈する子どもたちが目につくといわれます。よく物にぶつかったり転んだり、また転んでもさっと手が出ずに顔面をケガしてしまう、真っすぐ前を見て走れないなど、身のこなしがうまくない様子が見受けられます。このことを引き起こす原因にはどんなことが考えられるでしょうか。

人は生後間もない頃から自分の周りのさまざまな環境に適応しながら、いろいろな動きを獲得していきます。動きといってもそれは必ずしも手や足などの運動器が発達することによってのみ獲得されるわけではなく、例えば、目に見えたものがきっかけとなりそれを追いかけるように手を伸ばすという運動が起こったり、触ったものの大きさや重さなどに応じて手指の動きや力の入れ方を調節できるようになったり、というように、感覚器などの神経系あるいは認知機能の発達と、相互に関係し合いながら変化していきます。

1歳を過ぎて歩けるようになり運動の空間を自身で広げられるようになると、ますます多くの刺激を受けるチャンスが広がっていきます。つまり、多様な刺激を受けられる環境のなかに身を置いて、いろいろな場面に適応するように身体を動かしていくなかで、多くの動きが自然に獲得されていくことになるわけです。

この過程のなかで十分な運動環境に満たされていない、すなわち運動の機会が不足していることが、先に挙げたような動きの未熟な状態の出現につながってしまいます。体力低下の原因が運動不足であるのと同じく、動きの未熟さもやはり運動不足、特に多様な場面での運動機会の不足が原因だと考えられます。

2 子どもの動きを評価する ～どんな動きをしているか

身体の発育発達過程にある子どもたちは、特別にトレーニングなどし

なくても年齢が上がるにつれて走るスピードは速くなり、遠く、高く跳べるようになり、力も強くなっていきます。成長に伴って大きくなる身体、そしてその機能の向上が源となります。

このことは、運動能力が低下しているといわれている最近の子どもたちでも変わることはなく、年齢が上がるにつれて、低水準ながらもその能力は年を追って向上していくのです。

運動能力や運動発達を評価する方法としては、検査・診断型、すなわちテスト結果としての運動パフォーマンスがどれだけだったのか、何秒で走れたか、何m跳べたか、投げられたか、といったことに代表される量的な指標を用いた評価方法が多く用いられています。しかし、このような量的指標(記録のよしあし)からは、実際に子どもがどのように動いたのかということを明確に捉えることはできません。25～30ページに詳細に述べられているように、子どもの動きを質的に評価することが必要だと考えられます。

ところで、ある動作の出来栄えを評価するといった場合に、大人であればベストパフォーマンスを出すべくその一発勝負に臨みます。しかしながら幼児においては、そういったテスト的な場面で、評価すべき最高のパフォーマンスが得られるかは大いに疑問です。課題とされている動作の目標が本人のなかで適切に定まっているか、普段と違う場面設定に影響を受けてしまわないか、そもそも本気でやっているのか、等々。測定を見守っていた担任の保育士は言います。

「○○ちゃん、普段はもうちょっとできるんですよー」。これは何を意味するのでしょうか。先生は普段の遊びのなかで、その動きを上手にやっている○○ちゃんを見ていたのかもしれません。あるいはそうあってほしいという願望でしょうか。年少の子どもたちには、検査・診断型だけでなく、普段自由に遊び、思い切り動き回っているなかで、その動きを評価できる機会があるとよいと思われます。

3 遊びのなかの動き ～どんな動きが見られるか

実際、幼児の普段の活動のなかではどのような動きが見られるのでしょうか。

『幼児期に経験する基本的な動きの例』として図示した(77ページ図6)ように、幼児の遊びや日常活動においては数多くの動きが見られ、そしてさらにそれらが組み合わされてさまざまな動きへと展開していきます。年齢を追って見てみると、年齢が上がるほど動きの種類は増えていき、複雑さも増していきます。また一方で、動きや遊びには既に幼児期から男女差があるといわれており、好みの動き、よく見られる動きにも個人差があるようです。

経験することによって動きが身に付いていくと先に述べました。しかし、必ずしも経験した動きだけができるようになるわけではなく、関連した動きを行うなかで多様な動きが獲得され、またそれらを元に新たな動きもできるようになっていきます。

ただし、先の「基本的な動き」でも分類されているように、その種類によってはあまり関係性をもたないものもあります。例えば、ボールを投げたり、蹴ったりといった操作系の動作は、単に活発に動き回るだけで身に付くものではなく、その動作を行う経験が必要になるでしょう。

保護者や保育者など大人は、子どもが元気よく活発に動いていることで「よし」としてしまいがちですが、子どもが何をしていてそのなかにはどんな動作が含まれているのか、ある程度見極められるとよいと思われます。そして足りないものについては、まずはそれを補えるような運動、遊びのできる場を用意してあげられるとよいでしょう。

幼児期(3～6歳頃)の子どもの動きを見ると、数年の短い期間にもかかわらずその動きは著しく変わっていきます。できないことができるようになる、ぎごちなかった動きが協調的にバランスよく動くことができるようになる…、まさに動きの質的な変容が目に見えてわかる時期なのです。

この時期に獲得され、続いてさらに習熟していく多くの基本的な動作が、その後のスポーツにおける特有の動きや日常生活での動きや振る舞いの土台となっていくことになります。

4 幼児期に変わる子どもの動き〜「走る」

子どもの動きを見ていると、幼児期の短い間(3〜6歳頃)に見違えるほど変わっていくのがわかります。人は2歳頃になると走れるようになり、その後、走動作様式が著しく変化していきます。歩幅が年齢とともに大きくなり、走る速度も上がっていきます。また、重心の上下動が小さくなり、水平方向への移動が大きい効率的な動きに変わってきます。

ACPのなかでは、走・跳・投の動きについての評価観点を示していますが、走動作では「力強く地面をキックし、前方にスムーズに進んでいる」という動き全体から受ける印象を、評価項目の1つに挙げています。まさに幼児期の走動作様式の変容は、この印象がぐっと変わってくることを支持するものといえるでしょう。また、動きの部分的な要素の観点としては、「腿がよく上がっている」「歩幅が広い」「腕(肘)は適度に曲がり、前後に大きく振られている」という内容が挙げられています。

これに照らしてみると、幼児の段階では脚の動きには大きな変化が見られるものの、習熟した腕の振り方を身に付けている子はあまり見られないようです。全般に幼児期の走動作は、年少児に多く見られるような、ちょこちょことして歩幅が小さく腕を突っ張ったままの走りから、全身的でダイナミックな動きへと変わっていきます。走り回っている子どもたちのそんな印象の変化を見て取れるとよいのではないでしょうか。

5 幼児期に変わる子どもの動き〜「投げる」

投げる動きの出来栄えは、幼児期から既に個人差、性差が大きいことが特徴です。年齢に伴って投距離は伸びていきますが、普段の活動のなかで投げる経験をすることがないと、なかなか成熟した動作パターンを獲得しにくい動きといえます。

一般に幼児期には「腕をムチのように振っている」(ACPの投動作の観点要素の1つ)という、成熟型の動作要素が見られる子はほとんどいないのですが、「全身を使って力強く投げている」という動き全体の印象は経験とともに見られるようになってきます。このような全体的な印象から受ける動きの変化は、実際の記録にも反映されてきます。

遠投ができない狭い場所や室内でも、安全なボールなどを使ってネットや壁に向かって思い切り投げる練習はできますし、その際のフォームを見ることである程度パフォーマンスは予想がつきます。このような経験の有無に左右される動きこそ、幼児期の練習の効果は大きいと考えられます。特に投動作は、男女の差なく楽しく思い切り経験できる場面が望まれます。

6 遊びのなかの動き～「鬼ごっこ」

子どもの遊びなどさまざまな活動のなかには、歩く、走るをはじめとして多くの動作が含まれています。幼稚園児に見られる動作を整理すると、その数は**表1**に示すように80種類以上にも及び、実に多様なことがわかります（幼児の体育カリキュラム、1986）。運動遊び自体もたくさんありますが、それぞれのなかにさらにいろいろな動作が含まれているわけです。

いつの時代にも子どもの一番人気の遊びである鬼ごっこを考えてみましょう。“鬼”は追いかけ、“子”は逃げる。どの子も皆走りますが、25m走のように前を見て一直線に走ることはほとんどありません。パッと素早いダッシュ、タッチされないようにサッと身をかわす、あるいは急な方向転換等々、移動の仕方も多様です。そして何より鬼の様子や周りの様子を見ながら、時に意識的に、時に無意識に動きを選んで身を処していきます。

種類のたくさんある鬼ごっこですから、やり方に応じてさらに動きは増えていくでしょう。もちろん鬼ごっこ以外の遊びでも、動きの要素は多様です。楽しみながらそこで培われた動き方が、その後のスポーツ動作などの土台になっていくのです。

7 日常生活での動き

動きを観察するというと、特別な場面をイメージしてしまうかもしれません。

しかし、子どもが動きを獲得する場は日常の生活のなかにもたくさんあります。子どもたちはどんな歩き方をしているでしょう。すぐくたびれて歩き続けられない、姿勢が悪い、少しの間でも立っていられないなど、気づくことはないでしょうか。あるいは、素早く行動できない（しない）という子などもいるかもしれません。

特に幼児の場合は、限られた指導場面以外にも目を配ることが必要ではないでしょうか。日常を通して子どもたちはどんな様子なのか、普段の遊びのなかでもよくやる（好きな）動き、やらない（苦手な）動き、やりたい動きは何か、行動全般の特徴を知っておくことも大切です。そのためにも指導者と保護者は連携・協同して、子どもたちを見つめていく必要があるように思われます。

8 動きを見ることの意味

幼児の動きを見ることは評価が最

表1　幼児期に経験する基本的な動きの例　　体育科学センター編著(1986)幼児の体育カリキュラム. 学習研究社.

動作の分類	個々の動作
姿勢・平衡性	たつ・たちあがる, かがむ・しゃがむ, ねる・ねころぶ, おきる・おきあがる, つみかさねる・くむ, のる, のりまわす, まわる, ころがる, さかだちする, わたる, わたりあるく, ぶらさがる
移動系	のる, あがる・とびのる, とびつく, とびあがる, はいのぼる・よじのぼる, おりる・とびおりる, すべりおりる, とびこす
	はう, およぐ, はしる・かける・かけっこする, スキップ・ホップする, ギャロップする, あるく, ふむ, すべる, おう・おいかける, とぶ, 2ステップ・ワルツする
	かわす, かくれる, くぐる・くぐりぬける, もぐる, にげる・にげまわる, とまる, はいる・はいりこむ
操作系	かつぐ, ささえる, はこぶ・はこびいれる, こぐ, おこす・ひっぱりおこす, おす・おしだす, おさえる・おさえつける, もつ・もちあげる, あげる, うごかす, つきおとす, なげおとす, おぶう・おぶさる
	おろす・かかえておろす, うかべる, おりる, もたれる・もたれかかる
	つかむ・つかまえる, あてる・なげあてる・ぶつける, ほうる, ころがす, とめる, うける・うけとめる, わたす, つむ・つみあげる, まわす, ふる・ふりまわす
	たたく, つく, わる, くずす, しばる・しばりつける, たおす・おしたおす, すもうをとる, うつ・うちあげる・うちおとす, なげる・なげあげる, ける・けりとばす, ひく・ひっぱる, ふりおとす, あたる・ぶつかる

終目的ではありませんから、よいところをいち早く褒めてあげることが重要です。「よくできたね」「上手になったね」という言葉を返してあげましょう。年長児なら「こうやればいいんだ」「今度はもっとこうしよう」と自分の動きに気づいたり、動きが強化されたり、自身でフィードバックができるようになってきます。年少の子どもたちでは、具体的な動きそのものには還元できなくても、褒められることで意欲は増してさらなる運動につながっていきます。

子どもたちは、「今からやるから見ててね」と言って自分ができるようになった(と思っている)動きをやって見せてくれます。見てもらって褒めてもらう。「できる」という自信が、さらにその後の行動を後押ししていきます。

幼児に対しては、ここまでできなければならない、あるいは、ここまでできればよい、という基準は定められるものではありません。指導に当たっても、単に遊びの種類を増やしたり既成のプログラムを用意したりといったことにとどまることなく、指導する子どもたちの様子をよく見て、その子たちに適した形で楽しく経験させたいものです。どれだけ多様な動きを引き出す工夫をできるかが、指導者の腕の見せどころといえるのではないでしょうか。

第　章

子どもと大学生が共に遊ぶ『遊び塾』の取り組み

佐藤善人

1 遊び塾のスタート

「本校の子どもは遊びの種類をあまり知りません。休み時間はサッカーやキックベースなどのボール運動ばかりしています。これではさまざまな体力要素は身に付きません。学生さんが子どもたちに、昔ながらの遊びを教えてくれませんか？」

これは、『遊び塾』がスタートするきっかけとなった岐阜県安八町立結小学校の校長先生からの依頼内容です。これを契機に、2009年から岐阜聖徳学園大学教育学部体育専修佐藤ゼミを中心とした『遊び塾』がスタートしました。

概要は以下の通りです。

（１）対象：岐阜県安八町立結小学校低・中学年
（２）時期：１～３月の水曜日、ロング昼休み（45分間）
（３）内容：普段子どもが行わないような遊びを紹介して共に遊ぶ

当初は私のゼミ生２～３人で行っていましたが、現在では延べ30名ほどの学生が参加しています。多くの学生が教員を目指しているため、教育現場において子どもに「指導」できる場を積極的に求めているからです。『遊び塾』は、ほかにも本学附属小学校において「生活科」の学習のなかで実施しています（93～95ページ）。

2 子どもは何を学んでいるのか

子どもたちは、毎週水曜日を楽しみにしています。この日は、「手つなぎ鬼」（**写真１**）と「ムカデ・ドッジボール」（**写真２**）を学生が紹介しました。子どもたちは笑顔で元気いっぱいにプレーしていました。知らなかった遊び、知っていてもルールが工夫された遊びを紹介しますから、子どもたちの遊びのレパートリーは増えているようです。「教えてもらった遊びを校庭で実施する子どもが年々増えている」と、結小学校の先生はおっしゃっています。

当初の目的であった体力向上という点では効果が上がりました。例えば、シャトルランテストの結果は、『遊び塾』の実施前よりも実施後のほ

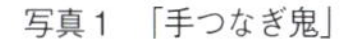
写真１　「手つなぎ鬼」

写真２　「ムカデ・ドッジボール」

うが向上したことが報告されています。ところが、子どもはこちらの想定を超えて多様に学んでいるようです。

あるとき、遊んでいる途中に転んでしまった子どもがいました。学生が気づき、声を掛けようと近寄ると、それより先に「大丈夫？」と優しい声を掛ける３年生の姿がありました。

また、学生が遊びの説明をしている際に、私語をして話を聞けない２年生がいました。その隣に座っている子どもが、「しーっ」と注意する姿も見られました。彼らは遊びを行うなかで、知らず知らずのうちに社会性や学習規律を身に付けているといえます。

『遊び塾』が終わり、学生と帰ろうとすると、「また来てね！」と声を掛けてくれます。学生は先生方よりも年齢は近いですから、親しみやすいようです。少子化や地域での遊びの減少により、異年齢間での交流は限られています。子どもは、お兄さん・お姉さんと遊ぶことが楽しくて仕方がないのです。『遊び塾』を通して、子どもたちはコミュニケーション能力をも高めることでしょう。

3　学生は何を学んでいるのか

『遊び塾』は学生の学びの場ともなっています。そもそも今の学生自体が多様な遊びを知らない世代です。そのため、対象学年の発達段階に応じた遊びを事前に調べ、準備しなくてはいけません。「このルールでは難しいからやさしくしよう」「今日の遊びの場は少し狭かったな」「もう少し

写真３　『遊び塾』は学生の学びの場でもある

写真４　学生が最も学んでいるのは、子どもへの接し方。まさにリアルな学習の場だ

安全面に配慮したほうがいいね」といった会話が、開始前、そして終了後に自然と出てきます（**写真３**）。体育教師を目指す学生にとって『遊び塾』での学びは、体育授業づくりのプロセスと重なり多くを学んでいます。

最も学んでいるのは、子どもへの接し方であろうと思います。低学年にはかみ砕いてルールを説明しなくてはいけません（**写真４**）。話を聞かない子どもには注意をする必要があります。上手に遊んでいる子どもを大げさに褒めることも重要です。普段、大学という狭い空間で学んでいる学生にとって、『遊び塾』は教員としての資質を磨く、リアルな学習の場になっているのです。

4　おわりに

近年、学生や地域の人材を小学校に招き、先生方とともに指導を行うことは多くなっています。しかし、なかなか継続しなかったり、ボランティアの扱いに先生方が戸惑ったりする場合があるようです。大切なことは、両者が「Win-Win」の関係になることです。

『遊び塾』は、子どもが遊びを楽しんで成長し、学生は遊びを紹介して成長しています。この両者のよい関係は、まさに「遊びのチカラ」によるものといえるのではないでしょうか。

小学校の生活科における『遊び塾』の取り組み

佐藤善人

1 小学校で遊びを教えるなんて…

小学校学習指導要領には生活科の目標の1つとして、「自分と身近な動物や植物などの自然と関わりをもち、自然の素晴らしさに気付き、自然を大切にしたり、自分たちの遊びを工夫したりすることができるようにする」ことが挙げられています。その内容として「身近な自然を利用したり、身近にある物を使ったりなどして、遊びや遊びに使うものを工夫してつくり、その面白さや自然の不思議さに気付き、みんなで遊びを楽しむこと」と示しています。つまり生活科では、自然に触れたり、遊びをしたりすることが学習内容となっているのです。そのため日本全国の小学校低学年は、剣玉や凧揚げ、鬼遊びといった遊びを生活科の学習として楽しんでいます。

生活科は平成元年に告示された小学校学習指導要領で新設されたため、それ以前に小学校教育を受けている人にはなじみのない教科です。また、「勉強するための学校で遊びをするなんて…」と疑問に思われる方もいることでしょう。さまざまな理由はありますが、当時から遊びの価値は認識されつつも、子どもが自然体験をしたり、集団で遊んだりするという行為が地域で減少しており、その対策が練られたであろうことが理解できます。

子どもは遊びが大好きですから、先生に紹介された遊びに夢中になって取り組みます。しかし、限られた時間数のなかで遊びが上達したり、その遊びを工夫したりすることは容易ではありません。また、若い先生方は身体活動を伴う遊びが減少した世代です。遊びを教えようにも、まずは先生が遊びを学ばなくてはいけません。自身も学びつつ子どもとともに遊びを行っているのが、若い先生方の現状のようです。こういったことから、「遊びをする」という昔であればやさしい学習内容であっても、思うようにはうまく学習が進まないのが現状のようです。

写真5　「遊び塾」は、生活科の学習として３年前からスタートした

写真6　子どもはお兄さんやお姉さんが来ることを心待ちにしている

2 生活科における「遊び塾」

子どもたちが知らない遊びを経験したり、その遊びが上手になってより楽しんだりするためには、複数の大人のサポートが必要であると考えました。そこで2010年から、岐阜聖徳学園大学の教育学部体育専修の学生が生活科の学習にアシスタント・ティーチャーとして参加する「遊び塾」をスタートさせました(**写真5**)。

(１)対象:岐阜聖徳学園大学附属小学校１年生

(２)時期:１～２月の生活科の時間(毎回２単位時間連続で計８単位時間を実施)

(３)内容:①コマ、剣玉、お手玉、福笑いなどの昔ながらの遊びを子どもと共に行う

②普段子どもが行わないような遊びを紹介して共に遊ぶ

教科学習ですから、授業の進行は担任の先生が行います。必要に応じて学生が子どもに遊び方や技術ポイントを教えたり、一緒になって遊んだりしますが、時には学生よりも上手な子どもから教わりながら実施します。子どもは、お兄さんやお姉さんが来ることを心待ちにしているようです。

3 共に遊ぶことのメリット

普段触れ合うことの少ない学生と遊べるから楽しいというレベルを超えて、子どもたちにとって大きな教育効果があるようです。例えば、三十

数名の子どもを担任1人が指導する場合、個別指導が行き届かないことがあります。子どもたちにとって初めて行う遊びもありますから、なかなか上達しません。しかし、複数の学生が関わることによって、子どもは遊び方や技術ポイントを丁寧に学ぶことができ上達します。たくさん褒めてもらえますので、子どもの学習意欲は大きく膨らみます（**写真6**）。

また、子どもは夢中になって遊び、周囲に目が行かなくなります。そのため、コマがあさっての方向に飛んでしまったり、鬼遊びで強くタッチされて転びそうになったりと、危険な場面が生じます。学生がアシスタント・ティーチャーとして入ることで、安全面にも目を配ることができ、トラブルを未然に防ぐことができたようです（**写真7**）。

学生にとってもメリットがあります。教育実習以外で授業に関わることは多くありません。学生のうちからできる限り良質な授業に触れておくことは、教師の資質向上を考えたときに重要な学びの1つです。附属小学校の先生方は日々熱心に実践されていますから、そういった環境に身を委ねられることは大きな学びとなっています。そもそも「遊び塾」に参加する学生自身も、遊びを知らない世代です。そのため、「遊び塾」に参加するために事前に遊びを調べ、子どもに紹介しながら実際に遊び方を学ぶことができるのも、大きなメリットです。

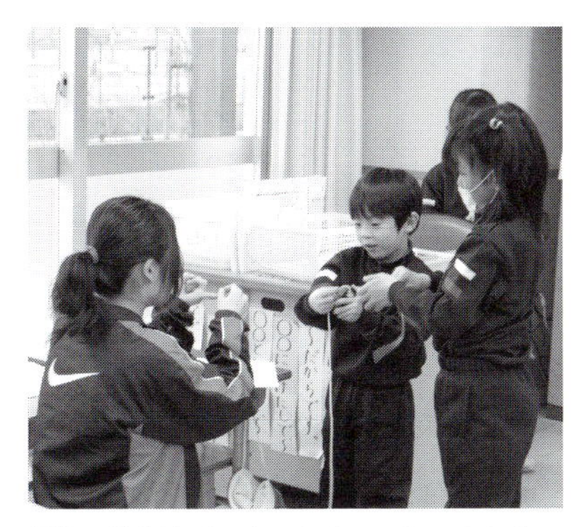

写真7　学生がアシスタント・ティーチャーとして入ることで、安全面にも目を配ることができる

4 遊びのチカラを最大限に引き出すために

生活科の学習に学生を充てるだけでは十分ではありません。子どもへの関わり方を事前に学んでおくこと、そして実態に応じた遊びを準備することが必要不可欠です。個人で遊ぶコマや剣玉であっても、技や回数を友達と競い合い、集団を意識した学習を展開すると、学級の凝集度も高まります。

遊びのチカラが最大限に発揮される学習にすることは、先生方の大きな役割といえます。もちろん、各種スポーツ団体で遊びを導入する指導者にも同様のことがいえるでしょう。

準備運動としての「運動遊び」の可能性

佐藤善人
実践協力／武山有香（可児市立春里小学校教諭）

1 準備運動の現状

体育授業のはじめに、「○○さん基準　体操の隊形に　開け！　1、2、3！」という掛け声の下、ラジオ体操を行う小学校は少なくありません。ここでのラジオ体操は体育授業の準備運動として行われていますが、多くの子どもは正しく動いていません。これでは、十分に主運動に対する身体の準備はできないと考えられます。

ラジオ体操は単調な動きであるために、子どもは楽しさを感じにくいことや、先生によっては身体的な効果よりも「見栄え」を気にすることで、子どもに繰り返し練習させ、ラジオ体操を子どもにとってつらい運動にしている現状もあるようです。もちろん、ラジオ体操に身体的効果がないといっているわけではありません。しかし、小学生は「この運動には□□という効果があるから正しくやろう」と考えて学習するよりは、「この運動は楽しいから」と、そこに内在する面白さに向かって学習をします。体育授業において、その重要性は指導しつつ、楽しい準備運動を行う必要があると思われます。

小学校では、6つの運動領域（高学年の例：体つくり運動、器械運動、陸上運動、水泳、ボール運動、表現運動）が学習されます。領域ごとで重点的に使う身体部位は異なります。同じ領域のボール運動であっても、サッカーであれば脚の準備運動が、バスケットボールであれば脚に加えて腕や手指の準備運動が必要となります。このように行う運動によって、身体の準備の内容は異なりますから、その方法は主運動に応じるほうが、より効果的だと考えられます。つまり、年間90～105時間の体育授業の準備運動として、ラジオ体操だけを毎時間実施することは、あまりよい方法とはいえないのです。

2 運動のアナロゴン

佐藤（1996）はある目標とする運動学習に必要なレディネス、なかでも感覚的な動きのレディネスを整えるために、関連のある運動経験を積ませることが重要であると述べています。例えば、バレーボールでオーバーハンドパスを学習する際に、ソフトバレーボールを用い、山なりに投げられたボールをヘディングする遊びをすることで、ボールの下に入り込むというオーバーハンドパス特有の動きを経験させるのです。これは運動のアナロゴン（感覚運動的に類似した予備的運動）と呼ばれています。

体育授業の時間は45分間と限られています。そのなかで子どもたちに、行う運動がもつ面白さに触れさせるためには、単調な準備運動に時間をかけるよりも、簡単なストレッチングを行うことが重要です。アナロゴンに遊びの要素を加えれば、つまらなかった準備運動が楽しいものとなり、学習意欲も増すと思われます。

3 遊びを取り入れたマット運動の学習

ここでは、小学5年生のマット運動の学習（全6時間）で行った運動遊びの一例を紹介します。これらは首や手足、腰のストレッチング後に準備運動として実施しました。なお、すべての運動遊びを毎回実施したのではなく、1つか2つを選択して実施しました。

■ゆりかご遊び

ゆりかご遊びは、写真8のように身体を揺らして起き上がる遊びです。例えば、数人で手をつないで横に並び「せ～の」の掛け声で一緒に起き上がると楽しいですし、ペアで向かい合い、リズムを合わせてジャンケン遊びにしても楽しいと思います。この遊びを行うことで、前転や後転など接転系の技の運動感覚を養うことができます。

写真8

■かえるの足うち

写真9はかえるの足うちの様子です。これはマットに両手のひらをつき、脚を上げて足裏を打つ遊びです。何回足裏を打てるかに挑戦すると楽しいです。あらかじめジャンケンのポーズを決めておき、脚を広げたり閉じたりしながらジャンケン遊びをしても楽しいでしょう。この遊びをすることで、逆さ感覚を身に付けることができます。倒立前転や側方倒立回転などの運動感覚を養うことに適しているといえます。

写真9

■アザラシ歩き

写真10はアザラシ歩きの様子です。腕立て伏せのような姿勢になり、腕の力と腰の動きで前進します。ある地点まで競争したり、グループ対抗のリレー遊びにしたりすると楽しいでしょう。マット運動では、手のひらでマットをしっかり捉える(押さえる)ことが重要です。また肘を突っ張って身体を支えることも多々あります。この遊びを通して知らず知らずのうちに、マット運動の基礎的な動きを身に付けることができます。

写真10

写真11

■クモ鬼

写真11のクモ鬼は、子はおなかを上に向けて、鬼は背中を上に向けてよつばいになって行う鬼遊びです。アザラシ遊びと同じように、腕で身体を支える運動感覚を養うことができます。子どもは鬼遊びが大好きです。夢中になって遊ぶなかで、マット運動で必要とされる動きを獲得していきます。

4 もっと楽しい準備運動を

スポーツやダンスがうまくなるためには、準備運動は欠かせません。ケガの予防にもなります。準備運動の必要性を学ぶことは、大切な学習内容の１つです。しかし、教師が深く考えず、ラジオ体操をルーティン化するのであれば、子どもは準備運動を嫌いになったり、省いたりするようになります。結果として、子どもが主運動の面白さに触れることを阻害する危険性があるのです。

ストレッチングと主運動との間に、主運動につながる運動遊びを行うことで、子どもたちはその運動遊びを喜々として行い、主運動がうまくなり、そしてスポーツやダンスの面白さを存分に味わうことができるはずです。

「鬼遊び」の学習効果

佐藤善人
実践協力／武山有香（岐阜県可児市立春里小学校）

1 子どもの「鬼遊び」の今

子どもは鬼遊びが大好きです。休み時間の校庭を見ると、こおり鬼や高鬼、ケイドロなどの鬼遊びに興じている姿を見ることができます。鬼遊びは、追って追われるという単純なルールが基本であるため、どの子もすぐにルールを理解して楽しむことができます。

鬼遊びは休み時間だけでなく、体育授業で行われることがあります。小学校学習指導要領解説体育編(2008)には、例えば低学年のゲーム領域に「イ　鬼遊び」とあります。ここでは一人鬼、二人組鬼、宝取り鬼、ボール運び鬼といった例が示されています(p.34)。また、中･高学年の体ほぐし運動には「伝承遊びや集団による運動を行うこと」と示されています(p.40、62)。ゲーム領域はボール運動との系統で位置づけられていますから、鬼遊びはボール運動の予備的動作を獲得することに適していると考えられています。また、体ほぐし運動の狙いは「気づき」「調整」「交流」ですから、これらに迫るために鬼遊びを含めた伝承遊びは貢献する、と考えられているようです。

このように、鬼遊びは小学校の休み時間や体育授業で熱心に行われています。しかし、どのような学習効果があるのかを十分に考えられて行われているかといえば、疑問が残ります。子どもにとって大人気の鬼遊びが、彼らに何をもたらしてくれているのか、改めて考えてみたいと思います。

2 鬼遊びの身体的効果

ここでは4年生を対象に行った鬼遊びの実践(2月、4時間単元)で見られた、子どもの変容を紹介します。

①体の変化への注目

鬼遊びは、追うことと追われることの連続で成り立っています。技の難易度が高かったり、連携が複雑ではないため、誰もがすぐに今もっている力で行うことができます。

始まってすぐに、ハアハアと息を切らして鬼にタッチされた子どもがいました。理由を聞くと「全速力で逃げすぎて、すぐに歩いたからタッチされてしまった」と答えました。その子には「いつも全速力ではなく、鬼が来たときだけ素早く逃げるといいね」と話しました。また、隅のほうでウロウロして積極的に遊んでいない子どもに理由を尋ねました。すると「走るとすぐに疲れてしまう」と答えました。普段は、あまり外遊びをしていないようです。疲れないようにするには、日頃から外遊びをする習慣が大切であり、この学習にも積極的に参加することが、改善の第１歩であることを話しました。

このように鬼遊びは、必要な技術や戦術が容易で、その習得を学習内容の中核に据える必要がないため、自身の体の変化に注目しやすいといえます。

②多様な動きの獲得

鬼遊びには多様な動きが含まれています。例えば、子は鬼に捕まらないように右に逃げると見せかけて方向転換して逃げたり、また鬼は、ゆっくり走っていたスピードを急に上げて子にタッチしたりします。こういった動きは教師が教えなくても自然発生的に生まれます。追ったり追われたりを連続して行うので、持久的な要素も育まれます。

このように、鬼遊びには持久力や瞬発力、敏捷性や協応性などの多くの体力要素が内包されているのですが、子どもはこれらを意識して遊んでいるわけではありません。そこで教師は、「Ｙ君の方向転換の動き、すごいね」「Ｘさんの逃げ方に強弱があったね」などと、自然発生的に生まれた動きを価値づけて、子どもに意識させることで、意図して動くように促しました。単元の前後で「反復横跳び」を測定し、敏捷性の変容を見たところ、その平均値が有意に向上したことからも、多様な動きを経験した成果はあったと考えられます。

3 鬼遊びの社会心理的効果

①ルールの工夫と協力したプレー

鬼遊びの良さの１つは、容易にルールの変更が可能な点です。あるグループが「こおり鬼」を発展させた、「ペアこおり鬼」を提案しました。基本的なルールはこおり鬼と変わりませんが、凍った子どもを助けられるのは、あらかじめ決めておいたペアだけで、２人とも鬼にタッチされて凍ったらコートの外へ出なくてはいけないというルールです。

初めに遊んでみると、すぐに２人ともタッチされてしまい、面白くないという意見が出ました。子どもには、運動量が確保されないことへの不満があったようです。子どもたちは話し合って、コートをやや広くし、鬼の数を減らしてから再度行いました。結果として、とても面白い鬼遊びとなりました。通常のこおり鬼では、凍った子を積極的に助けなくてもなんとなく遊べますが、ペアを組むことで助ける責任が大きくなり、鬼をかわしながらペアを助けようとするスリルを経験できたようです。こういったルール作りの話し合いやペアを助ける行動は、子どもたちの社会性を育むと考えられます。

②追われる側から追う側へ

運動が苦手な子どもは、体育授業では活躍できないことが多いもの。しかし、例えば増やし鬼であれば、仮にかけっこが苦手な子どもであっても仲間の鬼と協力して、かけっこが得意な子どもを追い詰めてタッチすることができます。また手つなぎ鬼なら、タッチされると鬼同士が手をつなぐルールですから、仲間に受容されながら、協力して追うことができます。

運動が苦手な子どもの心理として、彼らは「追われる側」にいることが多いのです。「失敗しないだろうか」「文句を言われないだろうか」と消極的にプレーしています。こういった子は、例えばドッジボールではすぐに当たってしまい、ほとんど活躍できません。しかし、鬼遊びはタッチされて鬼になった途端、「追う側」になります。運動が得意な子どもを追いかけることができます。ドッジボールやかけっこが得意な友達にうまくタッチすることで、達成感や爽快感を味わうこともできるでしょう。

4 おわりに

昔の子どもたちは、地域で熱心に鬼遊びをしていました。少しの時間や空間があればルールを工夫して遊びましたし、数人の仲間が集まれば鬼遊びは始まり、その匂いをかぎつけて新たな仲間が集まってきました。「子どもは遊びの天才」だったのです。しかし、こういった姿を見ることは少なくなりました。その結果、ここまでに挙げた鬼遊びの学習効果を、子どもは地域では得にくくなっています。

もう、放っておいたら子どもが勝手に外で遊ぶ時代は終わったのかもしれません。そうであるならば、すべての子どもが学ぶ小学校の体育授業、あるいは休み時間において、教師が鬼遊びを紹介して、その面白さを伝えていかなくてはなりません。その積み重ねにより、ここに挙げた学習効果を獲得することでしょう。そして、将来的に鬼遊びが地域に帰り、実践されることが期待されるのです。

※本稿は、「佐藤善人・武山有香(2014)体操の学習としての『鬼遊び』の可能性,体育科教育62(5)62-65頁」に加筆修正した。

外遊びで生活リズム改善！
「1日60分、外で遊ぼう」週間の取り組み

伊藤信子

1「1日60分、外で遊ぼう」週間、スタート！

子どもの実情や、家庭環境により「健康の格差」が問題視され、著者勤務校でも基本的生活習慣が確立できない子どもへの対応に困っていました。そんなとき、日本体育協会が作成した『ACP』を知り、運動にスポットを当てることで、体力向上だけでなく早寝・早起き・朝ごはんなどの生活リズムも改善が図れるのではないかと考えました。そこで、「1日60分、外で遊ぼう」週間を設定し、全校あげて外遊びの啓発活動に取り組んでいます。

概要は以下の通りです。

(1)対象：全校児童

(2)時期：毎月第2週の朝放課・20分放課・昼放課（合わせて60分間）

(3)内容：①全児童が、楽しく進んで外遊びができるよう、保健委員会や学校支援ボランティア（ＰＴＡ）、教職員が支援する（クラス全員が放課は外遊びをすることを目標とする）。

②外遊び週間中の取り組みの様子を放送や掲示、ＨＰで知らせる。

取り組み当初は、全校の足並みがそろわず、日頃から外遊びを苦手とする肥満傾向にある子どもや、一部の高学年が教室にとどまることがありました。しかし、心や身体の成長のために運動は大切であると、保健委員会や担任、家庭が声かけを行った結果、2012年の９月以降から外遊び週間の取り組みが浸透し、2013年の２月以降は、毎月９割以上の子どもが外に出て遊べるようになってきました。

２子どもたちが外遊びをするための仕掛けづくり

しかし、「放課に外で遊んでおいで」と声を掛けても、「遊び方を知らない」「わからない」という子どもがいて、支援する側も遊ぶための仕掛

けが必要であることに気づきました。そこで、保健委員会の子どもが「どの場所で」「どの学年が」「何をして遊んでいるか」の現状を調査し、外遊び週間中の昼の放送で紹介しました。すると「“すくすく広場”に行って、てんとうむしを見つけたよ」「一輪車が人気だって聞いたから、私も頑張ってやってみたい」と、校庭を巡回している際にうれしそうに声を掛けてくれる子どもが増え、手応えを感じることができました。

また、「寒くなると外遊びが億劫になり、運動場に足が向かなくなる子どもが増えるのでは」という高学年の担任からの意見を受け、11～12月の外遊び週間に、学校敷地内の落ち葉を使って、イラストの描かれた模造紙に貼りつける“落ち葉アート”を始めました。すると、低学年や高学年女子が、自分で拾ってきた落ち葉を貼りつける光景が見られました（**写真12**）。出来上がった“落ち葉アート”は予想以上に見栄えがよく、子どもだけでなく教職員や保護者にも好評でした。

さらに、1～2月の外遊び週間中は、学校支援ボランティアに依頼し、大縄跳びの補助や運動場での見守りをしていただきました（**写真13**）。低・中学年の子どもたちは、大縄を回してくださる学校支援ボランティアの声援を受け、笑顔で楽しく跳ぶことができました。

このような取り組みのなかで、落ち葉が貼りやすいようにと低学年の身体を支えている5年生や、大縄跳びの縄回しを進んで行う6年生がいることに気づきました。全校ぐるみで外遊び週間に取り組んだ結果、自然に異学年交流が深まり、高学年が小さい子をいたわる思いやりの気持ちが育ってきたようです。

写真12　落ち葉アート

写真13　大縄跳び

3 外遊びを
定着させるための
新たな仕掛けづくり

「1日60分、外で遊ぼう」週間により、外遊び週間以外でも6割程度の子どもが進んで外遊びを楽しむことができるようになりました。しっかり外遊びをすることで、「ぐっすり眠れるようになった」「ごはんがたくさん食べられるようになった」と、自分の身体や生活リズムに関連づけて感想を記入する子どもも増えています。

2013年の6月に、近隣の小学校5校の2・5年生を対象に実施した生活リズム調査の結果、「午前中眠かったり、だるかったりなど、体調の悪いときがありますか？」との問いに「あまりない」「ない」と答えた子どもは、本校は62％（母体平均57％）でした。朝食欠食率も本校は5％（母体平均9％）、給食の残滓量も市内のなかで最も少なく、生活習慣の改善が進んでいるといえます。

写真14　外で楽しく遊ぶんジャー集会

しかし依然として、高学年で外遊びの習慣が定着しない子どももおり、別の視点から新たな仕掛けを行う必要性を感じていました。そんななか、昨年度の学校保健委員会でお招きした岐阜聖徳学園大学准教授の佐藤善人先生からの「幼児期から体力向上の取り組みが必要である」という助言を基に、本校に就学予定の保育園年長児と5年生が外遊び交流をする場を新たに設けることにしました。名づけて“外で楽しく遊ぶんジャー集会”です（**写真14**）。

高学年のなかでもとりわけ5年生は、男女とも身体を動かして外で遊ぶことが苦手なため、外遊びを奨励する活動ができるのか不安でしたが、年長児が喜びそうなジェスチャーを考えたり、一緒に遊んでハイタッチをしたりと、5年生自身も楽しんで活動ができました。この取り組みによって、外遊びを苦手としていた5年生が外遊びをさせる側になったことで、達成感や充実感を味わえただけでなく、外遊びの楽しさを再認識できる場にもなったようです。

今後も、幼児期から運動に親しむ“外で楽しく遊ぶんジャー集会”など、地域を巻き込む啓発活動を継続し、本校の子どもたちのさらなる外遊びの定着化と、生活リズム改善を目指していきます。

好循環していく子どもたちの心技体

吉田繁敬

1 剣道の稽古で遊びなんて〜ACPの導入

「剣道の稽古で遊びプログラムができないものか?」

ACPの理念には共感していましたが、剣道の稽古に遊びを取り入れることへの戸惑いから、著者の指導する東山スポーツ少年団では遊びプログラムを導入できずにいました。実はこれまでも稽古前に“剣玉遊び”の時間を、月2回限定で実施するなど、試験的な取り組みはしてきましたが、継続するには至らず。前後左右の足さばきにジャンプを加えたり、変則的な素振りを行ったりするなど、あくまでも剣道の実技稽古のなかに遊びの要素を取り入れるにとどまっていました。

「遊びの効果は理解しているが、実際の活動に取り入れることができていない団体に、ACPの実施モデル団体をお願いしたいのですが」

この日本体育協会からの依頼が、剣道の稽古に遊びプログラムを導入するきっかけとなり、2012年4月に東山スポーツ少年団でのACPがスタートしました。

概要は以下の通りです。

(1) 対象:第1部(稽古時間午後6〜7時)団員(幼稚園児〜小学4年生、初心者)

(2) 時期:毎週火、木曜日、午後6時〜(準備運動を含む約30分間が遊びプログラム)

(3) 内容:身体を使った運動遊び

当初は第1部の稽古だけで実施していましたが、子どもたちの強い要望もあり、現在では第2部(小学5・6年)でも実施しています。指導者が担当していた遊びの先導役も、徐々に中・高校生のリーダーが担うようになるなど、活動状況に応じてアレンジが進み、剣道の稽古にも好影響が出るようになりました。

2 大人も遊ぶ〜活動の広がり

「確かに私たちの子どもの頃は、身体を動かして遊ぶことが多かった気がします」

これは、遊びの導入に際して実施

写真15　ACPを取り入れたことによって、出席率が明らかに向上した

した、ACPのガイドブックやDVDによる指導者、保護者への説明会後の保護者の感想です。ACP導入の目的は“遊び”の体験そのものではなく、遊びを通して身体を動かすことや人と交わり協調することを、自発的・積極的に行うことができる子どもを育み、心理的、身体的な成長につなげることです。

しかし、週２回の遊び体験だけでは、大きな効果を上げることは難しいでしょう。道場での遊びを、子どもたちが家庭や学校、地域などで行うといった活動の広がりへとつなげることで、子どもたちの運動能力がより向上し、結果的に剣道（競技種目）の技能の向上も期待できるでしょう。

そのためには、子どもを見守る指導者、保護者の共通理解と協力態勢が必要不可欠なのです。

また、その“仕掛け”として、遊びの内容も、家庭でお父さんやお母さんとできそうなものや、学校や子ども会などで友達同士でやりたくなるようなものを取り入れるといった工夫も重要です。今では、道場で大人も一緒に子どもたちと遊ぶ機会が増え、道場以外でも、東山スポーツ少年団の子どもたちが遊びのリーダーになって活躍しているようです。

3 子どもたちの変化～２つの仕掛

明らかな変化は出席率が上がった

写真16　子どもの表情はいつもニコニコ！

ことです。しかも、道場へ入ってくる子どもたちの表情がニコニコしていて明るいのです。「今日は何をして遊ぶのかな？」と楽しみにしているのが伝わってきます。それまでは親に言われて渋々道場へやって来る子もいましたが、ACP導入後は「子どもたちが自発的に道場へ向かうようになった」と、多くの保護者が口をそろえます。

ACPの効果を上げるには、“自発的”“能動的”“積極的”“主体的”という様子が子どもたちから感じられることが重要です。そのための“仕掛け”として、“遊び”に入る前に必ずしていることが２つあります。

１つ目は、準備運動の号令を掛けるリーダー役に、毎回違う子を指名して任せることです。人は役割と責任を与えられることによって、そのことに主体的に関わろうとする心理が働き、自己成長が促進される効果があるのです。実際に、号令の掛け方がうまくなり、ほかの子の号令をよく聞き、集中して準備運動をするようになりました。いつも同じ指導者やキャプテンが号令を掛けることは、ほかの多くの子どもたちの受動性を高めてしまう危険性もあるといえるでしょう。

２つ目は、遊ぶ前に必ず「遊ぶ？」と尋ねることです。子どもたちから「はい」ではなく、「遊ぶ！」という言葉を引き出すことで、自分たちが主体的に遊びたいんだという気持ちに、彼ら自身が気づくことになるのです。

写真17　遊びの中でスキンシップ。自発性、積極性も養われる

傾聴のスキルも使って「遊ぶ！」のあとに「マジで？」と返すと、一気にテンションが上がって、「マジで！」と返ってきます。この“身体”と“こころ”のウォーミングアップが十分な状態で“遊び”に入ることが、遊びの効果をより高めているようです。

4　おわりに

指導者から“やらされている”のではなく、“やりたい”という子ども自身の内発的動機づけによる活動でなければ、継続することも難しいでしょう。しかし、遊びでテンションの上がった子どもたちが説明を聞かずに騒いでいるといった場面は少なくありません。そんなとき、「話を聞け！」と大きな声を出してしまう指導者は、子どもたちを“聞きたい”ではなく“聞かされている”状態に導くことになるでしょう。そして、その状況を変えるために、どうしたら子どもたちが“聞きたい”状態になるのかを考えるようになります。

遊びを通して、子どもたちが指導者の“コーチングスキル”を引き出し、そのスキルによって、指導者が子どもたちの“自発性”“積極性”を引き出す。そして、自発的、積極的に身体を動かす習慣の身に付いた子どもたちの体力、運動能力が向上するといった好循環は、まさに「遊びのチカラ」によるものといえるでしょう（写真15～17）。

“守破離”の訓えをACPで体現

吉田繁敬

1「守破離」～殻を破る

剣道(武道)や芸事の訓えの1つに「守破離」というものがあります。
「守」:教えを忠実に守り、聞き、模倣し、基本を身に付ける段階
「破」:教えを守るだけでなく、自分の考えや工夫を模索し試みる段階
「離」:「守破」を前進させ、新しい独自の道(一流)を確立させる段階

東山スポーツ少年団の活動にACPが融合されていく過程は、まさにこの「守破離」の訓えに沿って進められたといえます。ACP導入前の20年間は、ひたすら剣道の稽古の基本的な流れに沿った活動を行ってきました。しかし、ACPの導入によって、その殻が破られることになったのです。その結果、“遊び”による子どもたちのさまざまな体力要素の向上や心理的成長だけでなく、剣道の稽古を含む、活動プログラム全体の改善“東山流から新東山流へ”という効果を得て、「離」の段階へと進むことができたのです。

2 脱トレーニングの効果

トレーニングとしてのウォーミングアップは、子どもたちにとって、毎回同じことを“やらされている”という心理が働きやすいのに対し、“遊び”は、楽しみながら夢中になって身体を動かすことができるため、子どもたちの血流を促進させるだけでなく、こころのウォーミングアップにもなります。しかも、剣道などの防具をつける種目では、“遊び”の時間は軽装で活動できることから、暑い時期には熱中症予防対策としても効果的です。

また、指導者が既存の遊びをアレンジしたり、新たに創ったりすることによって、競技種目に必要な動きを子どもたちに身に付けさせることも可能です。実際に、剣道で必要な“なんば歩き”の身のこなしの習得を目的に、「カッパリレー」「カッパ鬼」といった遊びを創作し、実践したところ、トレーニングとしてではなく、“遊び”として楽しみながら夢中になって繰り返し行うことができるため、短期間に技能の向上が見られるという効果

がありました。

3 異年齢間コミュニケーション

第1部(幼稚園〜小学4年、初心者)、第2部(小学5・6年)の活動時間への"遊び"の導入は、第3部のリーダーたち(中高大生)の第1・2部からの参加頻度が増すといった変化を生みました。その結果、かつての子どもたちの外遊びで見られたような、異年齢間のコミュニケーションの環境が道場内にできたのです。

異年齢集団での遊びは、年上の子どもの行動を見習ったり、年下の子どもをいたわったりすることによって、自然に社会性が育まれる場として非常に重要です。また、指導者が担当していた遊びの先導役も、徐々にリーダーが担うようになり、"遊び"の時間は、彼らが子どもたちの指導を体験する好機となったのです。その結果、責任と役割を得た彼らが、自発的に小学生の稽古時間から道場に来ることが多くなり、第1・2部の稽古内容の変化をもたらしたのです。

4 稽古内容の変化〜量から質へ

当初懸念されていた、稽古時間短縮による実技指導への影響も、リーダーの参加が増えたことにより解消されました。それまでは指導者の人

「カッパリレー」では、剣道に必要な"なんば歩き"の身のこなしの習得が可能

道場内には異年齢間のコミュニケーションの環境ができた

数が少なく、子ども同士が相手と組んで打ち合う、集団指導が中心でしたが、今では多くのリーダーが、元立ち(打ち込み稽古の相手)を務め、小学生団員への個別指導ができるようになったのです。打たせる側がうまいと打つ側も打ちやすく、正しい動きが身に付く効果が高まるため、短時間の稽古でも技能向上が期待できるようになったのです。

多くのリーダーが、元立ちを務め、小学生団員への個別指導ができるようになった。ACP導入の効果はここにも！

子どもたちから“笑顔”を多く引き出すための活動のアレンジは、指導者の大切な役割

また、“遊び”の導入は、活動プログラムを多様化させ、子どもたちの集中力を持続させ、剣道技能習得の効率アップにもつながったのです。子どもたちの試合での動きもよくなり、量から質への稽古内容転換の好影響といえるでしょう。

5. 笑顔を引き出すためのアレンジ

ACPの導入は、これまで守ってきた活動プログラムを破り、新たな活動を模索し、子どもたちへのよりよい活動プログラム構築のきっかけになることが期待できます。しかし、新たなことを模索し試みる「破」の段階は、一般的に失敗がつきもので、試行錯誤の連続です。そのため、子どもたちと関わる集団・指導者が、子どもたちの特徴や活動状況に応じて、失敗をヒントに改善点を見つけ、柔軟にアレンジすることが、ACP継続のために必要不可欠です。

最初から“時間通り”“思い通り”になると思わず、指導者が心に余裕をもって柔軟に対応することが何よりも大切です。ついつい時計を気にして、余裕をもって子どもたちを見守れず、介入しすぎたり、感情的な指導をしたりという悪循環は、その後の指導にも悪影響を及ぼします。

ACP導入による一番大きな変化は、子どもたちの“笑顔”がより多く見られるようになったことです。その“笑顔”を多く引き出すための活動のアレンジは、子どもたち１人１人を身近で見ている指導者だからこそできる、大切な役割ではないでしょうか。“時計の針”ではなく、“子どもの顔”に注意を向け、長い目で活動を継続し、子どもたちだけでなく、指導者も笑顔で活動できる環境が整ったとき、「遊びのチカラ」は、いくつもの実りをもたらしていることでしょう。

文部科学省「平成23年度全国体力・運動能力、運動習慣等調査」検討委員会(2012)
子どもの体力向上のための取組ハンドブック.

日本学術会議 健康・生活科学委員会 健康・スポーツ科学分科会(2011)
子どもを元気にする運動・スポーツの適正実施のための基本指針.

Boreham C. and Riddoch C. (2001)
The physical activity, fitness and health of children. J. Sports Sci., 19:915-929.

日本体育協会監, 竹中晃二編(2010)
アクティブ・チャイルド60min―子どもの身体活動ガイドライン―. サンライフ企画.

Knudson D. and Morrison C. (1997)
The Role of Models in Qualitative Analysis. In:Qualitative Analysis of Human Movement, Human Kinetics, pp.15-31.

文部科学省(2010)
平成22年度全国体力・運動能力、運動習慣等調査報告書.

國土将平(2003)
発達段階と子どもの遊び. 子どもと発育発達, 3 : 142-147.

阿江通良ほか(2010)
子どもの基礎的な動きに関する調査研究. 平成21年度日本体育協会スポーツ医・科学研究報告No.Ⅲ 子どもの発達段階に応じた体力向上プログラムの開発事業:5-48.

佐々木玲子(2011)
遊びの中で培われる知力と体力. 子どもと発育発達, 9(2):84-88.

加賀谷淳子ほか(2009)
子どもの体力の現状と課題―効果的な運動プログラムを作成・展開するにあたって―. 平成20年度日本体育協会スポーツ医・科学研究報告 No.Ⅳ 子どもの発達段階に応じた体力向上プログラムの開発事業:158-161.

文部科学省「幼児期運動指針策定委員会」(2012)
幼児期運動指針ガイドブック〜毎日、楽しく体を動かすために〜.

Erikson,E.H. (1950)
Childhood and Society. W. W. Norton & Company.

文部科学省(2009)
子どもの発達段階ごとの特徴と重視すべき課題. 子どもの徳育の充実に向けた在り方について(報告).

日本体育協会日本スポーツ少年団編(2013)
少年期の発育・発達. スポーツ少年団リーダーのためのテキストブック. pp.28-29.

Harlow, H. F. (1958)
The nature of love, American. Psychologist, 13:673-685.

ホイジンガ:高橋英雄訳(1973)
ホモ・ルーデンス. 中公文庫, pp.16-21.

文部科学省(2012)
スポーツ基本計画.

文部科学省スポーツ・青少年局(2013)
平24年度体力・運動能力調査報告書.

文部科学省(2011)
体力向上の基礎を培うための幼児期における実践活動の在り方に関する調査研究報告書.

Sugihara T., et al. (2006)
Chronological change in preschool children's motor ability development in Japan from the 1960s to the 2000s. Int J Sport Health Sci, 4:49-56.

中央教育審議会(2008)
幼稚園、小学校、中学校、高等学校及び特別支援学校の学習指導要領等の改善について(答申).

体育科学センター編著(1986)
幼児の体育カリキュラム. 学習研究社.

＜以上が1章における引用・参考文献＞

文部科学省(2008)
小学校学習指導要領. pp.72-73.

佐藤徹(1996)
指導ポイントをどうとらえるか. 金子明友監, 教師のための運動学―運動指導の実践理論. 大修館書店, p.140.

武山有香・菅井詩織(2014)
マット運動の実践例. 鈴木秀人ほか編, 第三版小学校の体育授業づくり入門. 学文社, pp.201-207.

文部科学省(2008)
小学校学習指導要領解説体育編. 東洋館出版社, p.34,40,62.

＜以上が2章における引用・参考文献＞

第三章
遊び編

遊びの紹介と行う前に配慮すべきこと

佐藤善人

1 子どもたちへのアプローチ

遊びが子どもの心と体に与える豊かな可能性については、これまでに詳細に示してきました。遊びは基礎的な体力や動きの発達に寄与するだけでなく、人間関係やコミュニケーション能力が育まれるなど、子どもの心身の発達に効果があります。しかしながら、子どもに遊びを提供して遊ばせてさえいれば、さまざまなよい効果を獲得できるとは限りません。子どもにとって適切な難易度の遊びを提供する必要があります。また、運動が得意な子どもばかりが活躍する遊びでは、苦手な子どもは楽しむことができず、すぐにやめてしまうでしょう。つまり、遊びの実施にはさまざまな配慮が必要となります。それらを7つにまとめ、以下に示します。

①遊びは、筋力、持久力、瞬発力、敏捷性、巧緻性といった体力要素の獲得だけを求めてトレーニングとして行うのではなく、状況判断能力や記憶、イメージの広がりなどの心理的な要素や、コミュニケーションの広がりなどを、総合的に考慮して子どもに提供しましょう。
②子どもが程よい緊張感をもって楽しめることを重視して、発育発達(年齢差や性差、体力差、能力差など)による差異が明確化しないように、ハンディキャップの設定やグループ作りなどを工夫しましょう。
③子ども自身が主体的にルールを工夫したり、作戦を考えたりする時間を確保することで、楽しさが増し、継続して遊べるように配慮しましょう。
④子どもが遊んでいる姿には、肯定的な言葉をたくさん掛けてください。それにより、子どもが積極的に遊ぶよう促します。
⑤遊びに用いる道具は、できるだけ簡単に手に入るものにしましょう。子どもだけで遊ぼうとしたときに、用具が身近になかったり、準備に手間がかかったりするようでは、いくら楽しい遊びであっても継続することはできません。また、道具は既製品

にとらわれず、身近にあるもので工夫する習慣を養いましょう。
⑥遊びには個人で遊べるもの（例：剣玉やコマ）と集団で遊ぶもの（例：鬼ごっこ）とがあります。発達段階に応じて提供するとよいでしょう。どちらかといえば、幼稚園児や低学年児童は個人遊びを好むでしょうし、高学年になるに従って集団遊びを好むようになります。高学年になっても個人遊びに強く興味を示す子どもがいたら、時には集団遊びに誘い出すことも重要な指導となります。
⑦運動・スポーツ指導の時間すべてを、遊びに費やしてほしいということではありません。「準備運動の１つとして導入時に」「子どもの集中力が薄れてきた指導の合間に」などと、まずは少しの時間を遊びに充てるとよいでしょう。

2 遊びの紹介

さて、本章では遊びの紹介を行っていきます。単に「遊び方」を紹介するだけでなく、「アレンジの仕方」の例、期待される「遊びの効果」、そして「特徴・楽しさ」を整理して示します。先述した７つの配慮事項に気を配りながら、実践してみてください。もちろん、紹介されていないアレンジを加えて、子どもの実態に合った遊びにする作業は望まれることです。

なお、身体活動を伴う遊びには「運動遊び」や「伝承遊び」などがあります。運動遊びは、大人が子どもへの効果を期待して人為的に作り出したり加工したりした遊びをイメージします。一方で伝承遊びは、剣玉やコマ遊び、鬼ごっこのように、子どもらが脈々と伝承してきた遊びのことを指して使われています。ところが運動遊びであっても、子どもにとって面白ければ伝承するでしょうし、伝承遊びであっても加工・修正を加えていけば、運動遊びといえなくもありません。これら用語の違いはやや曖昧であり混乱を避けるため、本章で今後紹介する身体活動を伴う遊びはすべて「遊び」として、その具体を示します。

追って追われて

遊び方

・直径４～５mほどの円を描き、円周を４等分した位置にそれぞれ４人が立ちます。
・プレイヤーは、ズボンの後ろに紙テープを挟みます。
・リーダーの合図で同じ方向に一斉に走りだし、前の人の紙テープを取ります。取られた人は円から出ます。紙テープを多く取った人が勝ちです。
・リーダーは５～10秒ごとに笛を吹き、笛が鳴った瞬間にプレイヤーは逆向きに走ります。
・１回のゲームの時間は30 ～40秒を目安にするとよいでしょう。

アレンジの方法

・紙テープの長さは、高学年や走能力が高い子どもは長く（１m50cm）、低学年や走能力が低い子どもは短く（70cm）すると、勝敗の未確定性が担保されて楽しいでしょう（図１）。
・走能力が低い子どもでも楽しめるように、紙テープを取られそうになったら審判が笛を鳴らして、走能力の低い子どもにチャンスを与えると楽しいでしょう（図２）。

特徴・楽しさ

この遊びは、走能力や敏捷性などの体力要素の向上が期待されます。運動特性の関係で見ると、走能力や敏捷性が、相手の紙テープを「取るー取られる」という関係のなかで、いつの間にか高まるような構造になっています。さらにリーダーの合図によって反転することから、より高い敏捷性が求められ、必ずしも走能力の高い子どもが勝つとは限らない構造をもった遊びである点が特徴です。

走能力によって紙テープの長さを変えることで、走能力の違いのある子どもや異年齢集団でも同時に楽しむことができます。また、円を描かなくても、４点にマーカーを置くことで代用ができます。用具も簡単に準備することができ、容易に行えることもこの遊びの特徴の１つです。

遊びの効果

≫ 走能力の向上
≫ 敏捷性の向上

ピッ!
ピンチがチャンスに!
あぶない!にげろー!

図1
足が速い僕は1m50cmの紙テープでがんばるぞ!!
足が遅い私は70cmの紙テープ
図2
よーし!紙テープとるぞ!
少ししたら笛を吹くよ。そしたら逆回りに走ってね。
リーダー
もう少し!
逃げろ!
がんばれー!

ふうせんリレー

遊び方

・図1のようにスタートラインと、チーム数に応じてUターンするための三角コーン(目印)を設置します。
・ふうせんをペアの背中で挟み、落とさないように三角コーンまで移動し戻ってきます。ゴールまで来たら、次の友達と交代します。
・ふうせんが落ちたら拾って、落ちた場所から続けます。
・早くリレーを終わらせたチームの勝ちです。

アレンジの方法

・ふうせんを、ペアのおなかで挟んで遊んでも楽しいでしょう(図2)。
・ふうせんではなく、ボールや大きめのお菓子の空き箱など、いろいろなものを使って遊べます(図3)。

遊びの効果
≫ 巧緻性の向上
≫ 協調性の向上

■ 特徴・楽しさ

「ふうせんリレー」はふうせんを落とさないように、ペアで協力して移動することが楽しい遊びです。ペアでリズムを合わせて移動しないと、すぐに落ちてしまいます。どうやったら落ちないかを友達と話し合うとよいでしょう。幼稚園や低学年の子どもは「自分が…」という思いが強い傾向にあります。ペアや仲間と遊ぶことで協調性の育成も期待できます。

4～5人の子どもが輪になって手をつなぎ、肩や肘、頭を使って、ふうせんを落とさないように移動する遊びにしても楽しいでしょう。

図1

図2　図3

ねことねずみ

遊び方

・ラインを2本引き、2チーム（ねこチームとねずみチーム）に分かれた子どもが、ライン上に向かい合って立ちます（図１）。
・リーダーが「ね、ね、ね、ねこ（ねずみ）！」と声をかけたら、ねこ（ねずみ）チームがねずみ（ねこ）チームを追いかけます。追いかけられるチームは、タッチされないように後方のラインまで逃げます（図2）。
・後方のラインにたどり着く前にタッチされたら、相手チームの仲間になります。これをランダムに繰り返して、最後に人数の多いチームが勝ちです。

アレンジの方法

・「ねことねずみ」ではなく、「タイとタコ」や「サメとサケ」、「赤（あか）と青（あお）」など、最初の１文字は同じで違う言葉を決め、オリジナルな遊びにすると楽しいです。
・リーダーが、「ね、ね、ね、ねんど！」など、ときどきねことねずみ以外の指示を出すと盛り上がります。
・図3や図4のように、座ったり、うつぶせに寝転んだりするなど、体勢を変えて遊ぶと楽しさが増します。

遊びの効果

≫ 走能力の向上
≫ 敏捷性の向上

■ 特徴・楽しさ

「ねことねずみ」は、集中してリーダーの指示を聞き分け、追いかけたり逃げたりすることが楽しい遊びです。追うほうも逃げるほうも全力でダッシュします。タッチしても、逃げ切っても、爽快感を味わえます。

アレンジの方法にも示したように、その時々でチームの名前を変えて楽しむことができます。リーダーが「ねんど」のように、ねことねずみ以外の指示を出してフェイントをかけることで、より集中することが求められ、緊張感を味わえます。また、さまざまな体勢から始めることで、多様な動きの経験ができます。

鬼が子にタッチするときに、強く押すと転んでしまう危険があるので気を付けましょう。

図1
ね、
ね、
ね、
ね、
ねこ
ねずみ
図2
ねこ！
セーフ！
あっ!?
まちがえた！
まてー！
図3
図4

ジャンプオニ

遊び方

・グラウンドに50cm～１mの間隔でラインを引き、10前後のゾーンを作ります。
・子は６人、鬼は２人とします。
・リーダーの合図でスタートです。両足をそろえてリズムよくジャンプして、ゾーンを移動します。
・鬼と同じゾーンに立つとアウトです。

アレンジの方法

・ゾーンの幅を狭くするとジャンプするのにやさしく、広くすると難しくなります。
・両足ジャンプではなく、片足ジャンプにしても楽しいでしょう。
・子や鬼の人数はコートの広さによって変えましょう。

遊びの効果

≫ 跳能力の向上
≫ 敏捷性の向上

特徴・楽しさ

この遊びは、跳能力や敏捷性などの体力要素の向上が期待されます。運動特性の関係で見ると、両足ジャンプで着地した瞬間に、鬼の動きを見て、次に目指すゾーンを探し、タイミングよくそのゾーンに跳ぶ跳能力と敏捷性が求められる遊びです。下半身だけで跳ぶのではなく、腕をリズムよく前方へ振ってジャンプするように声かけをしてください。同学年はもちろん、ゾーンを狭くすれば異学年で遊ぶことができます。

通常の鬼遊びのように、鬼は子にタッチはしません。そのため、アウトかどうかでもめることが予想されます。リーダーだけでなく、遊びを待っている子どもに審判を任せるとよいでしょう。

横並び正面跳び

遊び方

・校庭や体育館で行います。２人で並び、内側の縄の持ち手を、それぞれ隣の相手に持ってもらいます。
・「せ～の！」などの掛け声に合わせてペアでタイミングよく跳び、回数を数えます。

アレンジの方法

・図１のように６人で行ったり、円になったりすると、難易度が増して楽しいでしょう。
・長縄との組み合わせで、長縄の中で同時に跳んでも楽しいでしょう（図２）。

遊びの効果

≫ 跳能力の向上
≫ 持久力の向上
≫ 協調性の向上

■ 特徴・楽しさ

この遊びは、跳能力と持久力の体力要素の向上が期待されます。縄跳びは連続して跳ぶことで回数を競ったり、新しい技に挑戦したりすることが楽しい運動です。一般的には、短縄は個人で、長縄は集団で跳ぶ遊びと認識されていますが、短縄を使った集団での跳び方もいくつかあります。横並び正面跳びでは、片方の持ち手を持つことができません。そのためペアで息を合わせて跳ぶことが求められ、協調性の高まりも期待できます。また、上達して連続して跳べば持久力も向上するでしょう。

人数を増やすと難しくなります。10人ほどで円になって実施すると、自分が跳ぶ縄の持ち手を２つとも他人に委ねることになり、より難易度が増します。長縄とは異なるチームワークが求められ、社会性の高まりも期待できます。

図1

図2

長縄玉突き跳び

遊び方

・3 ～4人が長縄の中で跳び、1人が入ったら1人が出ます（図1）。
・連続して何人が入れるか（出られるか）、回数に挑戦します。

アレンジの方法

・始めから長縄にいるのではなく、1人、2人と入っていき、3 ～4人が入った時点から玉突き跳びをしても楽しいでしょう。
・慣れてきたら、出入りを同時にすると難しくなり、楽しさが増します。
・上手になると、2回跳ぶごとに出入りするなどのルールを決めて遊ぶと、リズムを楽しみながら跳ぶことができます。

遊びの効果
≫ 跳能力の向上
≫ 巧緻性の向上
≫ 協調性の向上

■ 特徴・楽しさ

「長縄玉突き跳び」は、友達と息を合わせて入ったり出たりすることが楽しい縄跳び運動です。この遊びをする前に、「八の字跳び」や数人が一組になって跳ぶ「みんなでジャンプ」を経験しておくと、出入りをスムーズに行ったり、連続して跳べたりできて楽しいでしょう。縄に入る人が「いくよ。せ～の!」といったかけ声を掛けるとタイミングが合います。

縄の回し手も重要です。入る人や出る人が動きやすいように、大きく縄を回すことが必要となります（図2）。

図1

入るひとに
合わせて
出られるかな？
入るよー。

図2

とびやすい
ようにすくうように
回そう。
入りやすい
ように大きく
回そう。

ケンパー

遊び方

・地面にラインカー（石灰）やじょうろ（水）で、図1のように輪を複数描きます。ケンステップや小さめのフラフープを使うこともできます。
・輪が1つのときは「ケン（片足）」、2つのときは「パー（両足）」で進みます。
・ゴールまでリズミカルに「ケン」「パー」を連続することが楽しい遊びです。

アレンジの方法

・図のようではなく、自由にケンパーの輪を描くと、違ったリズムで跳ぶことになり楽しいでしょう（例：パーやケンを連続させる。円にしてつなげ、どこから入ってもよいなど）。
・2チームを作り、双方向からスタートして、ジャンケンをする「ドカーンじゃんけん」（図2）にしても楽しいでしょう（170～171ページ）。
・石を輪の中に投げ入れた後にリズムよくジャンプする、ケンパー遊びに発展させても楽しいでしょう。

遊びの効果
≫ 跳能力の向上
≫ 平衡性の向上

■ 特徴・楽しさ

「ケンパー」は地面に描かれた輪を「ケン」や「パー」でリズミカルに跳ぶことが楽しい遊びです。昔の子どもは、道路でケンパー遊びをしたり、側溝や小川を跳び越えて遊んだりして、知らず知らずのうちに跳能力を育んでいました。しかし、現在の家庭や地域では環境の変化に伴い、「跳ぶ」という遊びはあまり見られなくなっています。そのため、スキップがリズミカルにできない子ども、跳び箱を跳ぶときに両足で踏み切れない子どもが増えているようです。

子どもの好きなように輪をランダムに描かせる（並べさせる）ことで、自分たちで難易度をやさしくしたり難しくしたりできます。アレンジの方法に示したように、遊び方のバリエーションは多様です。「ケン」と「パー」で跳ぶということが確保されていれば、どのように工夫しても、それは「ケンパー」遊びです。

図1

図2

ろくむし

遊び方

・20mほど離れた場所に２つの円を描きます。
・鬼を２人決め、鬼が軟らかい小さなボールを投げ合っている間に、子は２つの円を走って行き交います。
・１往復したら「いちむし」と数えていき、６往復したら「ろくむし」となり、子の勝ちです。
・子はいったん円を出ると、同じ円には戻れません。
・子が走っている間に鬼にボールを当てられれば、アウトになります。
・子が全員アウトになったら鬼の勝ちで、初めにアウトになった２人が新たに鬼となります。

アレンジの方法

・円の間隔を狭くすると子が有利となり、円の間隔を広くすると鬼が有利となります。
・図１のように、鬼が当てようとして投げたボールをキャッチしたら、子はそのボールを遠くに投げてよく、その間にほかの仲間も走ってよいというルールにすると面白いです。
・鬼がボールを６往復投げるまでに子は円から出なくてはいけないルールにすると、スリルが増します。

特徴・楽しさ

この遊びは、投能力、走能力、敏捷性などの体力要素の向上が期待されます。鬼は相手に正確に投げたり、キャッチしたり、そして子に力強く投げて当てたりしなくてはいけません。子は素早く走ったり、鬼が投げるボールを巧みに避けたり（時にはキャッチしたり）する力が身に付きます。

投能力が十分に備わっていないときは、鬼がキャッチボールする間隔を狭くするとよいでしょう。また異年齢集団で行うときは、子が低学年であれば、例えば腰から下に当たってもセーフなどというやさしいルールを適用しても楽しいでしょう。

遊びの効果
- 投能力の向上
- 走能力の向上
- 敏捷性の向上

図1

エックス（X）

遊び方

・5mほどの間隔をとり、向かい合います。
・ドッジボールを用い、両手で下投げをして相手と当て合います。
・うまくキャッチできなければ負けです。
・図1のように腕をクロスして捕る（エックス）と、相手に向かって大股で1歩近づくことができ、強く攻撃できます（図2）。

アレンジの方法

・エックスで捕った場合、守備時に相手の強い攻撃を避けるために後ろへ下がることができるようにしてもよいでしょう。
・両手でなく、片手でうまく捕った場合は、3歩前進できるルールにすると面白いでしょう。
・実態に合わせて、軟らかいボールを用いるとやさしくなります。

遊びの効果

≫ 投能力の向上
≫ 巧緻性の向上

■ 特徴・楽しさ

この遊びは、投能力、巧緻性などの体力要素の向上が期待されます。ボールを投げる側は、両手で下から力強いボールを投げるためにしっかりと腕を振ります。ボールを受ける側は、胸で捕ったり、エックスで捕ったり、片手で捕ったりと巧みにキャッチをします。それによって強く攻撃する状況を獲得することができます。上投げよりもややかさしいボールのやり取りになるため、ボールに対する恐怖心がある子どもは行いやすいといえます。

ドッジボールではなく、軟らかいボールにするとやさしくなります。ソフトテニスボールのような小さなボールを用いると、投げる側・受ける側双方の難易度が増します。

エックス！
図1
図2
イテッ。
チャンス！
ボコッ
1歩

エンドレス・ドッジボール

遊び方

・人数に合わせてコートを決めます。20人程度でバスケットボールコートくらいの広さがよいでしょう。
・チームは作らず、ボール保持者にとって全員が当てる対象です。ボール保持者は走ったり歩いたりして移動し、ボールを投げます(図1)。当てられた子はコートの外に出ます。
・例えば、C君に当てられた子は、C君が誰かに当てられたらコートに戻ることができます。そのため、コートの外で「C君を当てて～！」とボール保持者を応援します(図2)。
・当てて(外れて)転がっているボールは誰が拾ってもかまいません。

アレンジの方法

・ボールの数を増やしたり、コートを狭くしたりすると、より攻撃性が増して楽しくなります。
・少し軟らかいドッジボールや小さいボール(ソフトテニスボール)を使うと痛くなく、安心して遊べます。

遊びの効果
≫ 投能力の向上
≫ 巧緻性の向上

■ 特徴・楽しさ

「エンドレス・ドッジボール」はコートで区切られておらず、走ったり歩いたりして移動しながら対象の近くでボールを投げるので、投能力が低い子でも当てる楽しさを味わうことが可能です。通常のドッジボールだと、苦手な子どもはコートの隅にいることが多いものですが、常に当てられる危険にさらされているので、鬼遊びのように逃げ続ける必要があり、運動量が多いことも特徴の１つです。

コートの外に出ても、自分を当てた子が誰かに当てられたらすぐに復活できます。コートの外にいる子は、ボール保持者を「C君を当てて～！」と応援しますので、大変盛り上がります。もちろん、キャッチしたら形勢は逆転です。攻守が素早く交代し、誰もが主役となれる遊びです。

図1
エイ！
わっ!?
図2
C君を当ててー！
Dさんを当ててー！
E
当てられたから外へ出よう。
エイ！
こい！
D
C
E君が当たったから戻れるよ！

王様ドッジボール

遊び方

・はじめに各チーム1名ずつ王様を決め、相手に誰が王様であるかを伝えます(図1)。
・基本は通常のドッジボールと同じです。ボールで相手チームの子を当て、当たったら外野へ行きます。
・相手チームの王様に当てれば勝ちです。

アレンジの方法

・王様を内緒にして行い、誰が王様かを考えながらプレーする「隠れ王様ドッジボール」にしても楽しいでしょう(図2)。
・実態に合わせて、ボールの大きさや軟らかさを変えると面白さが増します。
・コートを狭くすると、よりスリリングさを味わうことができます。

遊びの効果
≫ 投能力の向上
≫ 判断力の向上

特徴・楽しさ

「王様ドッジボール」はドッジボールを発展させた遊びです。通常のドッジボールと比べ、王様を守る楽しさがあります。また、劣勢であっても相手の王様にさえ当てれば大逆転できる楽しさもあります。王様を内緒にして行う「隠れ王様ドッジボール」は、相手の王様を予想して攻撃したり、自チームの王様がわからないように、王様のふりをする役割を決めたりするなどの面白さがあります。

子どもはドッジボールが大好きです。通常のドッジボールだと苦手な子どもはすぐに当てられて外野へ行き、その後ほとんどボールを投げずに終わってしまうことがあります。例えば、将棋のコマのように「王将5点」「飛車角4点」…「歩1点」などプレーヤーに名前と得点をつけ、時間内に何点取れるかを競うドッジボールにしても楽しいでしょう。この場合は、当たっても外野へ行く必要はありません。少しの工夫でドッジボールはより楽しくなります。

こおり鬼

遊び方

・校庭や体育館で行います。人数によってコートの広さと鬼の数は自由に変えることができます。
・鬼は子を追いかけタッチすると子は凍り、固まってその場から動けなくなります。鬼が、子を全員凍らせたらゲームは終了です。
・凍っている子は、逃げている子にタッチされると解凍され、再度ゲームに参加することができます。
・鬼を長時間続けると疲れてモチベーションは低下しますし、なかなか全員を凍らせることはできません。そのため３分程度で鬼を交代するとよいでしょう。

アレンジの方法

・コートを狭くすると鬼も子も常に動いていなくてはいけないので、運動量が増します。
・子がタッチしたら解凍するのではなく、子２人で手をつなぎ、頭から足まで輪を通すことで解凍することにすれば、仲間とのコミュニケーションも生まれ楽しいでしょう（図1）。

遊びの効果
≫ 持久力の向上
≫ 巧緻性の向上

■ 特徴・楽しさ

この遊びは、持久力と巧緻性などの体力要素の向上が期待されます。鬼遊びの運動特性から「追いかける一追いかけられる」という関係のなかで、ある一定時間走り続けることになります。また、鬼は子の動きに合わせてタッチしたり、子は鬼のタッチをかわしたりすることで、巧みに動く力を養うことができます。持久力や走能力が低い子は早くタッチされ凍ることになります。しかし、このことによって休憩することができ、解凍されればまたすぐに全力で走ることができるよさがあり、運動が苦手な子どもであっても継続して遊ぶことができます。

凍った子の解凍の仕方を工夫すると楽しさが増します。例えば図１にあるように、ペアで協力して解凍したり、凍った子はバナナになり、そのバナナの皮をむくと解凍され復活したりする（バナナ鬼、図２）など、子どもたちと相談して自由にアレンジできることも特徴の１つです。

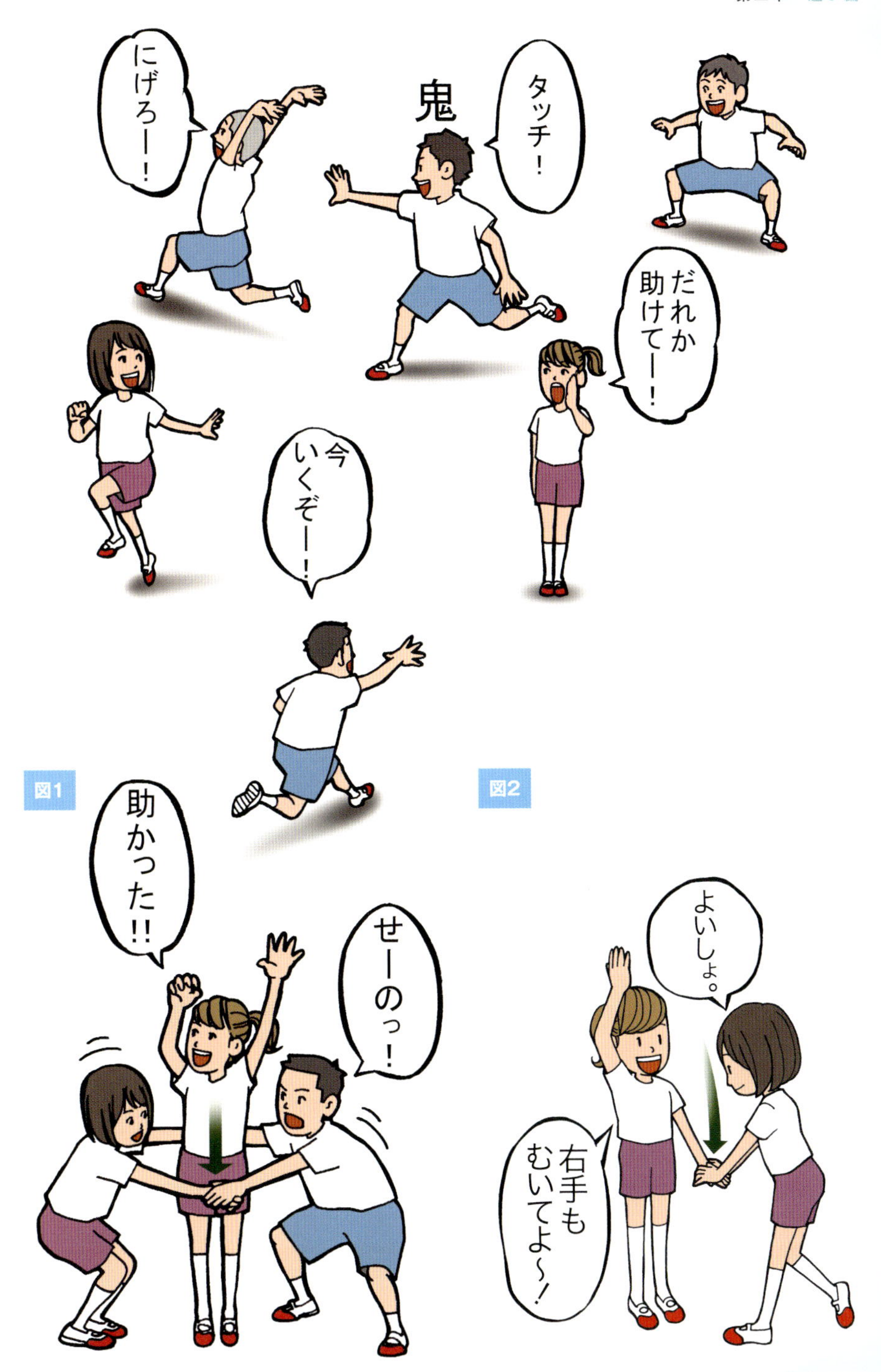
鬼
タッチ！
にげろー！
だれか助けてー！
今いくぞー！
図1
助かった!!
せーのっ！
図2
よいしょ。
右手もむいてよ～！

ペアこおり鬼

遊び方

・最初に鬼以外の子はペアを決めます（図１）。
・基本は“こおり鬼”の遊び方です（138～139ページ）。鬼が子を追いかけてタッチすると子は凍り、固まってその場から動けなくなります。鬼が子を全員凍らせたらゲームは終了です（図2）。
・凍っている子は、初めに決めたペアにタッチされると解凍され、再度ゲームに参加することができます。ほかの子にはタッチしてもらえません。
・ペアが２人とも凍ってしまったら、コートの外で応援します。

アレンジの方法

・ペアではなく、トリオ（3人組）で行っても楽しいでしょう。
・コートを広くし、鬼の人数を少なくすると、子に有利な条件になります。逆にコートを狭くし、鬼の人数を多くすると、鬼に有利になります。実態に応じて難易度を変えてみましょう。
・凍っている子にポーズ（片足立ち、ボルト選手のまね）をとらせると楽しいでしょう。

遊びの効果

- 瞬発力の向上
- 持久力の向上
- 協調性の向上

■ 特徴・楽しさ

「ペアこおり鬼」は、通常のこおり鬼を発展させた鬼遊びです。通常のこおり鬼では、逃げる子は「助ける行為」をしなくても遊ぶことができますが、ペアこおり鬼では、ペアの子が凍ったら必ず助けに行かなくてはいけません。どの子にも鬼の隙をついてペアを助けることが求められ、スリルを味わうことができます。

2人ともタッチされ凍ると、コートの外に出なくてはいけません。その時間が長いと楽しくありませんので、1回の遊びの時間を2～3分と短めに設定するとよいでしょう。新たに始めるときは鬼を代えるだけでなく、ペアを代えても楽しいでしょう。

図1

A
B

図2

ペア2人ともタッチされたらコートの外で応援するよ！
今いくよ！
オニ
B
A
ペアの人助けてー！
オニ
にげろー！
まてー！

かっぱ鬼

遊び方

・鬼の頭にマーカーを載せます。子の頭には鬼と違う色のマーカーを載せます。
・スタートの合図で、マーカーを落とさないように鬼ごっこをします。
・鬼にタッチされたら、マーカーを取り換えて鬼を交代します。
・マーカーを手で押さえているときや、頭から落ちている状態のときは、移動やタッチはできません。

アレンジの方法

・マーカーが無い場合は、畳んだタオルなどで代用するとよいでしょう。
・活動場所の広さや人数に応じて鬼の数を増やすと、運動量が増して楽しいでしょう。

遊びの効果
≫平衡性の向上
≫巧緻性の向上

特徴・楽しさ

この遊びでは、平衡性や巧緻性などの体力要素の向上が期待されます。相手の動きに応じて、頭上のマーカーが落ちないように移動したり、急に方向を変えたりする必要があるため、平衡性や巧緻性が求められる遊びです。また、この遊びを続けることによって上体がねじれず、腰が平行移動する「なんば歩き」という身のこなし方が身に付きます。頭上のマーカーを落とさないようにバランスをとることに重点が置かれるため、必ずしも走能力の高い子どもが有利になるとは限らない構造をもった遊びである点が特徴です。頭の小さな子どもほどマーカーが安定しやすいため、体格の違いのある異年齢集団でも同時に楽しむことができます。

導入の遊びとして、頭に載せたマーカーをバトン代わりにする「かっぱリレー」（図1）を行うと、動きの習得がより早く楽しくでき、「かっぱ鬼」が盛り上がります。また、鬼やリレー走者の交代のときに、きちんと相手の頭にマーカーを載せるようにすることで、子ども同士の触れ合いの機会が増え、コミュニケーションスキルの向上が期待できるでしょう（図2）。

鬼遊び

押しくらまんじゅう鬼

遊び方

・人数に合わせて適当な円を描きます。
・鬼を数名決めて円の外に、ほかの子は円の中に入ります。
・「押しくらまんじゅう、押されて泣くな!」の掛け声のもと、子は身体を使って押し合います。
・円近くに押し出されてきた子に、鬼はタッチします。タッチされた子は鬼になります。
・鬼にタッチされなくても、円から出てしまった子や転んで尻をついた子は鬼になります。
・最後まで円に残っていた子が勝ちです。

アレンジの方法

・円を小さくするとスリルが増します。
・図1のように、円ではなく、ややいびつなコートにすると面白さが増します。
・大人が鬼となると、子どもはとても喜びます。

遊びの効果
≫ 足腰の筋力の向上
≫ 巧緻性の向上

特徴・楽しさ

これは、「押しくらまんじゅう」を鬼遊びにアレンジした遊びです。押しくらまんじゅう鬼では、足腰の筋力の向上が期待できます。子は円から押し出されないように足腰を踏ん張り、背中で相手を力一杯押します。その際、時には力を抜いて相手のバランスを崩して遊ぶと、巧緻性も養われるでしょう。

両手を使うと顔を引っかいたり、服を引っ張ったりすることがあります。腕を胸の前に組むルールにするとよいでしょう。また転んでしまい、仲間に踏んづけられる危険があります。転んだら速やかに円から出て、鬼になることを忘れないように声掛けしてください。

図1

十字鬼

遊び方

・地面に上のようなコートを描きます。
・鬼を決め、鬼は十字の中に入り、子は四角の中に入ります。
・スタートの合図で、子は時計回りに移動します。
・移動するときに鬼にタッチされたり、十字に落ちたりすると、子は外へ出ます。
・決められた周回数を走ることができた子の勝ちです。

遊びの効果
≫ 敏捷性の向上
≫ 巧緻性の向上

アレンジの方法

・鬼を多くしたり、十字の幅を広くしたりすると、スリルが増します。
・子が鬼にタッチされたら交代したり、交代せずに鬼を増やしたりすると楽しいでしょう。
・図１のように、移動方法をケンケンにすると難易度が増して、より楽しくなります。

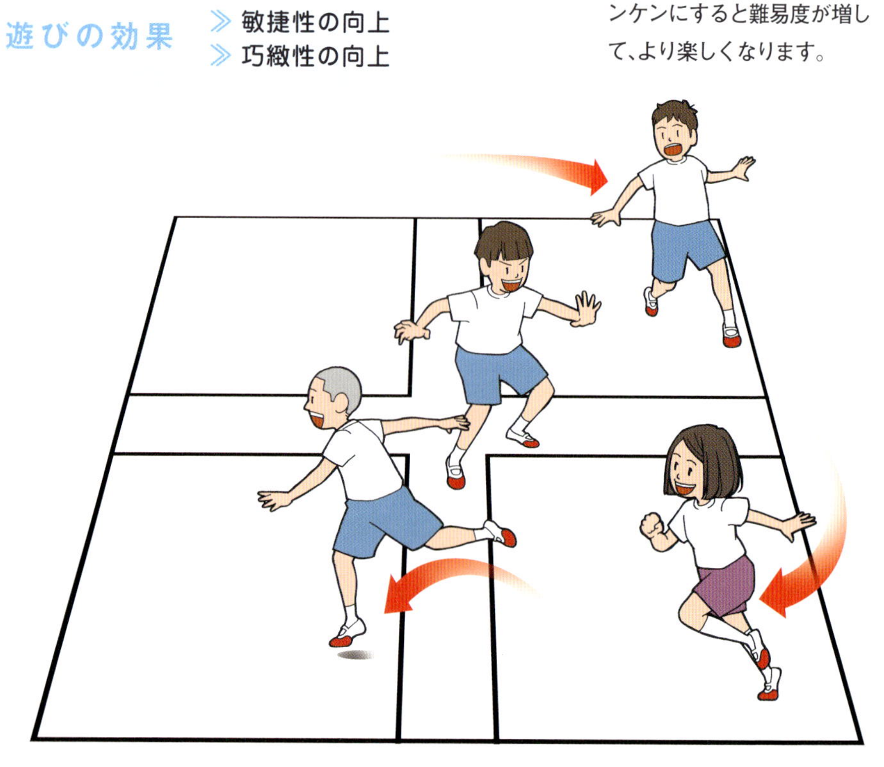

特徴・楽しさ

この遊びは、鬼を巧みに避けながら、決められた周回数を走ることが楽しい鬼遊びです。十字鬼では素早く移動したり、鬼のタッチをかわしたりしながら遊ぶことができ、敏捷性や巧緻性の向上が期待できます。周回数を多くすれば、全身持久力も養われるでしょう。

鬼を複数にして持ち場を決めたり、子はフェイントをかけるなど複数で協力して移動したりするなど、仲間と協力して遊ぶこともできます。なかなかタッチできずに鬼を継続する子どもがいます。様子を見て交代させるなどの配慮が必要です。

図1

鬼遊び

さかなとり

遊び方

・図1のようにラインを引く。
・鬼役の「漁師」を1人決め、ほかの子は「さかな」になり、片側の安全地帯に入ります。
・漁師の「網を投げるぞ〜！」の合図で、さかなたちは反対側の安全地帯まで逃げます（図2）。
・安全地帯に逃げるまでに漁師にタッチされたさかなは、漁師の網になります。
・網になった子は、漁師と手をつないで一緒にさかなを捕まえます。
・さかなを捕まえるときに、漁師と網の手が離れていたらタッチは無効になります。
・さかなが全部捕まったら終了です。

アレンジの方法

・対象年齢に合わせてコートの大きさを変えることで、運動量を調整することが可能です。
・安全地帯を数個のフラフープにしたり、中に入れるさかなの数を制限したり、漁師の数を増やしたりすると難易度が増して楽しいでしょう。

遊びの効果

≫ 敏捷性の向上
≫ 走能力の向上
≫ 協調性の向上

図1

特徴･楽しさ

この遊びでは、敏捷性や走能力などの体力要素や協調性などの心理的要素の向上が期待されます。相手の動きに応じて、素早く前後左右に身体を動かしてタッチをかわしたり、走り抜けたりするため、敏捷性や走能力が求められる遊びです。また、網が増えるにつれて、お互いが協力しないと手が離れてしまうため、協調性が求められます。

漁師に捕まらず長く逃げ続けることができれば、有能感や自己肯定感が高まりますが、漁師に捕まっても、次には手をつないで協力して行動することが保証されているため、スキンシップと受容･共感の効果で挫折体験による不安心理を感じにくく、幼児や低学年の子どもの積極性や主体性を育むために効果的な遊びです。

図2

背中合わせ鬼

遊び方

・図1のようにラインを引き、コートを作ります。
・鬼を１人決め、ほかの子は2人組を作って背中合わせになって立ちます。
・鬼はコート中央の円内で、大きな声で「スタート！」の合図を出します。
・全員バラバラになり、さっきとは別の人と2人組を作って背中合わせになります（図2）。
・背中合わせになる前に、鬼にタッチされたら鬼と逃げる子が交代します。
・逃げる子がコートから出た場合も、鬼と逃げる子が交代します。

アレンジの方法

・隣のペアとの距離を、両手間隔や大股３歩などに広げたり、コートの大きさを変えたりすることで、運動量を調整することが可能です。
・背中合わせになった位置から動いてはいけないルールにし、鬼のスタート地点をコートの四隅いずれでも可（図3）にすることで、背中合わせになる位置にも気を配る必要があり、難易度が増して楽しいでしょう。

遊びの効果
- 敏捷性の向上
- 走能力の向上
- 協調性の向上

特徴・楽しさ

この遊びは、敏捷性や走能力などの体力要素や、協調性などの心理的要素の向上が期待されます。相手を見つけて素早く背中合わせになったり、鬼の動きに応じて素早く身体を動かしてタッチをかわしたり走ったりするため、敏捷性や走能力が求められる遊びです。また、お互いが協力しないと鬼にタッチされてしまうため、協調性が求められる遊びです。

鬼に追われながら、言葉によるコミュニケーションやアイコンタクトなどの非言語コミュニケーションによって、瞬時に相手を選ぶ行動が見られます。お互いを受容し、スキンシップをとることで鬼から逃れられ、安心感を得られるため、幼児や低学年の子どもの基本的信頼や自律性を育むために効果的な遊びです。

図1
スタート！
図2
待てー！
こっちだよー！
図3
ここが近いぞ！
しまった！

ところてん鬼

遊び方

・鬼と逃げる子を１人ずつ決め、ほかの子は３人組を作って横一列に並んで立ちます（図1）。
・スタートの合図で、鬼ごっこを始めます。
・逃げる子は鬼にタッチされる前に、どこかの列の横にくっつきます。
・逃げていた子がくっついた反対側の端の子が列から押し出されて、次に逃げる子になります（図2）。
・逃げる子がどこかの列にくっつく前に、鬼にタッチされたら鬼と逃げる子が交代します。

アレンジの方法

・３人グループ間の距離を、両手間隔や大股３歩などに広げることで、運動量を調整することが可能です。
・逃げる子が列にくっつくときに「ポン！」、押し出される子が「チュルン！」など、ところてんをイメージした掛け声を掛けると、動きにリズムが出て盛り上がるでしょう（図2）。
・３人組を、座った状態やうつぶせ状態などにすると難易度が増して楽しいでしょう（図3）。

遊びの効果

≫ 敏捷性の向上
≫ 走能力の向上
≫ 全身の筋力の向上

■ 特徴・楽しさ

この遊びは、敏捷性や走能力、筋力などの体力要素の向上が期待されます。相手の動きに応じて、素早く身体を動かしてタッチをかわしたり、走ったりするため、敏捷性や走能力が求められる遊びです。また、座った状態やうつぶせ状態にアレンジすることによって、立つ、座る、起きる、寝るといった動きのなかで、上肢、下肢、腹部、背部などの筋力向上が期待されます。

鬼に追われながら、仲間になるグループを自分で選ぶことになりますが、遊びのルールでグループに受容されることが保証されているため、スキンシップと受容・共感の効果で不安心理を感じにくく、幼児や低学年の子どもの積極性や主体性を育むために効果的な遊びです

図2

図3

王様鬼ごっこ

遊び方

・図1のようにラインを引き、コートを作ります。
・鬼を1人決めます。
・鬼がコート中央の円内で、好きなステップ（ケンケン、スキップ、サイドステップなど）を大きな声で宣言し、鬼ごっこがスタートします（図2）。
・参加者（鬼を含めて）は、鬼の宣言したステップで移動しなければなりません。
・鬼は、中央の円に行けば、何度でもステップを変えることができます。
・鬼にタッチされたら、鬼と逃げる子が交替します。
・逃げる子がコートから出た場合も、鬼と逃げる子が交替します。

アレンジの方法

・対象年齢に合わせてコートの大きさを変えることで、運動量を調整することが可能です。
・鬼がステップを宣言したあと、毎回全員で復唱してからスタートとすることで、ステップがわかりやすくなるとともに、参加者の一体感が増して盛り上がるでしょう。
・幼児や低学年が対象のときは、ステップを動物シリーズ（ウサギ、ゴリラ、アザラシ、ヘビなど）にすると楽しいでしょう（図3）。

■ 特徴・楽しさ

この遊びは、敏捷性や走能力などの体力要素の向上が期待されます。鬼の動きに応じて素早く身体を動かしてタッチをかわしたり走ったりするため、敏捷性や走能力が求められる遊びです。鬼が指定するさまざまなステップで走り回ることによって、身体のいろいろな部位を動かしながら運動することができます。足の動きだけにとらわれず、手などの動きを取り入れたステップを指定するとよいでしょう。

鬼役は、自らの判断で号令をかけるなど、主体的に関わることが求められます。受容・共感されるリラックスした雰囲気のなかで、自らの発信によって全体を動かす体験は、幼児や低学年の子どもの自信につながり、積極性や主体性を育むために効果的な遊びです。

遊びの効果
≫ 敏捷性の向上
≫ 走能力の向上

図2

図3

鬼遊び

ことろことろ

遊び方

・子6人が前の子の肩に手を置き、列車のようにつながります。
・鬼は子と向かい合い、列車の最後尾の人にタッチできたら勝ちです(図1)。
・逃げている途中に手が離れ、子の列車が崩れても鬼の勝ちです。
・制限時間(20～30秒)以内にタッチされなければ子の勝ちです。
・どちらかが勝ったら、列車の先頭が鬼となり、鬼は列車の最後尾につきます。

アレンジの方法

・列車の人数を増やすと、鬼がタッチしづらく難しくなります。
・列車の先頭が手を広げると、接触してケガの恐れがありますし、鬼がタッチしづらくなります(図2)。先頭の子は体の前で手を組みましょう。

遊びの効果

≫ 敏捷性の向上
≫ 瞬発力の向上

■ 特徴・楽しさ

「ことろことろ」は、列車を作る子は最後尾の子がタッチされないように巧みに動き、鬼はタッチできるようにフェイントをかけながら素早く動くことが楽しい鬼遊びです。子は列車が崩れても負けてしまいますから、先頭の子に合わせて動く必要があります。

狭いスペースでもできる鬼遊びですが、逃げる際に列車が崩れたとき、周囲のものにぶつからないように気を付けましょう。かなりハードな遊びなので、20～30秒程度の時間を区切って行い、休憩をとりながら遊びましょう。

図1

図2

色鬼

遊び方

・校庭や公園で遊びます。
・鬼を1人決め、鬼が「赤」と言ったら、赤色の遊具や施設などを探しながら逃げ、それ(例えばポスト)に、触ることができればセーフです(図1、2)。色は何色でもOKです。これを繰り返します。
・鬼は、逃げている子にタッチしたら交代できます。

アレンジの方法

・鬼の人数を増やすと楽しさも増します。
・多くの色の種類がある場で行うと楽しいでしょう。
・色ではなく、鬼が物を指定する「物鬼」にしても楽しいものです。例えば、「ポスト」「木」などと指定して、それにタッチするようにします(図3)。ほかは色鬼と一緒です。

遊びの効果
》走能力の向上
》巧緻性の向上

特徴・楽しさ

「色鬼」は、子が鬼に指定された色の遊具や施設などを、探しながら逃げることが楽しい鬼遊びです。足が速い子でも、指定された色を見つけられないとタッチされることがあります。反対に、通常の鬼ごっこではすぐにタッチされる子でも、素早く色を見つけて移動することで、タッチされにくくなります。鬼は子にタッチしやすいように、周囲に少ない色を指定する工夫ができます。子はタッチされないように、全速力で走ったり、フェイントをかけたりして鬼から逃げます。この過程で走能力や巧緻性を育むことが期待されます。

あまり広い公園で実施すると、鬼は子にタッチしづらくなります。場の広さと人数に応じて鬼の数を増減させると、楽しさは変わります。道路に面した場所で遊ぶと、勢い余って道路に飛び出して危険なことがあります。色鬼を行う場や範囲を決める際は、安全には十分に留意しましょう。

図1

さっきは茶色だったよね。

赤！

オニ

図2

まてー！

セーフ！

オニ

図3

木！

オニ

力強さ・バランス・柔軟性

大根抜き

遊び方

・子（大根）は６〜８人程度で円になり、うつぶせになって手をつなぎます。
・鬼を２人決め、鬼は足を引っ張り、つないだ手をほどこうとします。
・両手ともほどけてしまったら、子は鬼になります。
・制限時間内に、手をつないだままの子が勝ちです。

アレンジの方法

・図１のように、背中合わせに座り、腕を組んで遊ぶこともできます。
・手のつなぎ方を工夫する（シェークハンド、お互いの手首を持つ、腕を組むなど）と、難易度が変化して楽しいでしょう。

遊びの効果

≫ 腕の筋力の向上
≫ 足腰の筋力の向上

■ 特徴・楽しさ

この遊びは、腕の筋力の向上が期待できます。子は仲間と離されないように、力を入れて手をつなぎます。鬼は両手で力一杯足を引っ張りますので、足、腰の筋力も必要となります。単純な遊びですが、低・中学年で実施すると大変盛り上がります。鬼同士で協力して足を引っ張ることで、子を鬼にすることもできます。

鬼は子が痛がっているのに無理に引っ張ったり、子のズボンを引っ張ったりしてはいけません。子は足をばたつかせて、鬼を蹴らないように気を付けましょう。

図1

ひよこの闘い

遊び方

・人数に応じて四角いコートを描きます(10人いたら5m四方程度)。
・図1のようにしゃがみ、右(左)手で右(左)足首を持ちます。
・この状態で移動し、ほかの人を肩や背中で押して倒します。倒れた子はコートの外に出ます(図2)。
・制限時間内に倒されず残っていた人が勝ちです。

アレンジの方法

・コートを狭くすると攻撃がしやすくなり、白熱します。
・マットを敷き詰めて行うとより安全です。
・すこし、おしりをうかせて行う「にわとりの闘い」にすると迫力が増します(図3)。

遊びの効果
≫ 足腰の筋力の向上
≫ 柔軟性の向上

■ 特徴・楽しさ

この遊びは、足腰の筋力、そして柔軟性の向上が期待されます。しゃがんで、足首を手で持って移動するので歩きにくいです。相手を倒すためには、両足を踏ん張ってタイミングよく、肩や背中で相手を押す必要があります。

手を離して移動したり、相手を肘で押したりすることは反則です。いかに素早く移動して、相手を倒すか、そして相手の攻撃をかわすかが楽しい運動といえます。

幼児で行うときは、2～3人でマットの上で行うと安全です。

図1

図3

ぶたのまるやき

遊び方

・鉄棒を両手で持ちます。
・地面を蹴り上げ、足を鉄棒に絡ませてぶら下がります(図1)。
・慣れておらず自信がないときは、マットを敷いたり補助者をつけたりして安全に配慮します。

アレンジの方法

・片手を離したり(図2)、片手と片足を離したりして、おサルさんのようにぶら下がっても楽しいです。
・慣れてきたら2人で組を作り、じゃんけん遊び(図3)をしても楽しいです。

遊びの効果
≫ 腕の筋力の向上
≫ 逆さ感覚の獲得

■ 特徴・楽しさ

子どもは、いきなり逆上がりなどの鉄棒の技ができるようになるわけではありません。「ぶたのまるやき」のような容易な技で自身の身体を支えたり、逆さ感覚を身に付けたりする経験を積み重ねることで、難しい技ができるようになります。「ぶたのまるやき」は、ただぶら下がっているようですが、普段と違う景色を見ることができるのも面白さの1つです。

片手離しやジャンケン遊びをして「ぶたのまるやき」に慣れてきたら、例えば「こうもりふり」や「地球回り」などの発展した技を紹介すると、子どもの遊びは広がっていきます。

図1

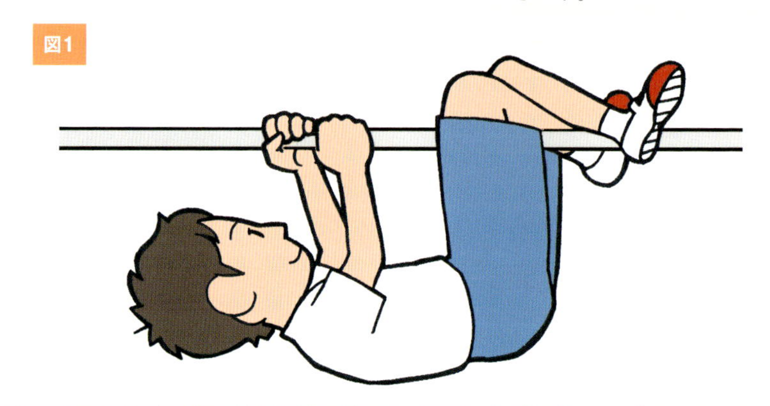

図2

図3

おっとっと

遊び方

・50㎝ほどの間隔をとり、向かい合います。
・足を肩幅に開き、両手に手拭い（タオル）を持ち合います。
・スタートの合図で、手拭いを引っ張って相手のバランスを崩します（図1）。
・足が離れたり動いたりしたら負けです。
・手拭いを離しても負けです。

アレンジの方法

・足を閉じて行うと難易度が増します。
・３人組で行うとバランスのとり方が複雑になり、楽しさも運動量も増して楽しいでしょう（図２）。

遊びの効果
- 筋力の向上
- 平衡性の向上
- 巧緻性の向上

特徴・楽しさ

この遊びは、腕、足腰の筋力と平衡性、巧緻性などの体力要素の向上が期待されます。相手の動きに応じて、バランスをとるために、足を踏ん張ったり、手拭いを引っ張ったり緩めたりする筋力と平衡性が求められる遊びです。また、力ずくではなく、相手との駆け引きのなかでバランスを崩すよう働きかけることで、巧緻性の向上が期待できます。力に頼る傾向が見られる場合は、指導者が相手をするなかで、力を緩めてバランスを崩すことを体験的に学ばせるとよいでしょう。

段階的に２人組から３人組へと変化することで、複数の相手の動きに応じた、より複雑なバランスのとり方が身に付くことが期待できます。また、異学年で行う場合は、高学年が足を閉じて行うようにするとよいでしょう。

図1
図2

うーん

遊び方

・50㎝ほどの間隔をとり、向かい合います。
・両手と口を使って手拭い（タオル）を広げます。
・ソフトテニスボールを用い、広げた手拭いで相手とキャッチボールをします。
・うまく投げられなかったり、キャッチできなかったりすれば負けです。

遊びの効果

≫ 敏捷性の向上
≫ 巧緻性の向上
≫ 協調性の向上

アレンジの方法

・連続してキャッチできた回数を、ほかの組と競っても楽しいでしょう。
・間隔を広くすると、投げる側、捕る側、双方の難易度が増します。
・ノーバウンドではなく、ワンバウンドにすると、ボールの動きに合わせて、捕る側の難易度が増して楽しいでしょう（図1）。
・ボールの種類を変えたり、風船を使ったりすると、動きに変化があって楽しいでしょう。

■ 特徴・楽しさ

この遊びでは、敏捷性や巧緻性などの体力要素の向上が期待されます。ボールの動きに応じて、素早く移動してキャッチしたり、全身をバランスよく動かしてボールを投げ出したりするため、敏捷性や巧緻性が求められる遊びです。ボールを上手に前方に投げ出すためには、上肢と下肢との動きを連動させ、前方に体重移動することが求められます。上肢の動きだけで投げ出すのではなく、膝の屈伸運動を使ってタイミングよく投げ出すように声掛けをしてください。

両手と口が塞がっているため、言葉や手の合図が使えません。そのため相手の動きをよく見て、アイコンタクトや身振りなどによって、相手とタイミングを合わせることが求められ、言語に頼らないコミュニケーションスキルの向上も期待することができます。ボールを投げ出すために、力を込めた子どもたちから「うーん」といううなり声が聞こえてくることが、この遊びの名前の由来です。

図1

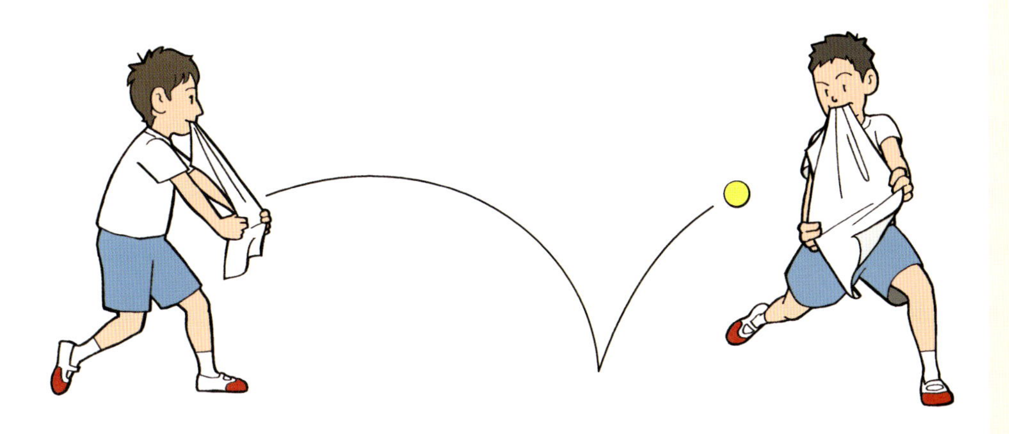

ドカーンじゃんけん

遊び方

・10名程度を2チームに分けます。
・平均台の両端に分かれ、スタートの合図で先頭が平均台を渡ります。
・2人が合流したところで「ドカーン、じゃんけんぽん！」という掛け声のもと、じゃんけんをします。
・負けたら降りて道を譲り、勝てばそのまま相手側へ歩いていきます。
・移動の途中に平均台から落ちてもアウトです。次の人が端からスタートします。
・これを繰り返して、先に相手側の平均台の端までたどり着いたチームの勝ちです。

アレンジの方法

・子どもが平均台を怖がるようなら、平均台の下にマットを敷いたり、地面にラインを引いてその上で行ったりするとよいでしょう。
・タイヤが並んで地面に埋め込んである環境があれば、それを活用しても楽しいでしょう。

遊びの効果
≫ 平衡性の向上
≫ 巧緻性の向上

■ 特徴・楽しさ

この「ドカーンじゃんけん」は、不安定な場所でバランスをとりながら移動することが楽しい遊びです。そのため、平衡性や巧緻性の向上が期待されます。じゃんけんに負けた場合は、「負けた！」と仲間に大きな声で伝え、次の子が素早くスタートできるようにすることがポイントです。

勝ち負けがじゃんけんという運に左右されますので、運動があまり得意でない子にも活躍するチャンスがあることも特徴の1つです。合流する際にスピードをつけすぎると、接触する危険がありますので注意しましょう。

ドカーン！
ドカーン！
じゃんけんぽん！
負けた！
よし。

手押し相撲

遊び方

・2人で向かい合い、準備をします(図1)。
・手のひらを相手に向けて押し合い、足が浮いたり動いたり、気をつけの姿勢が崩れたりしたら負けです(図2)。
・相手の手を握ったり、身体を押したりしたら反則で負けとなります。

アレンジの方法

・片足で立って行うとバランスがとりにくく、より楽しいでしょう。
・図3のように3人で行っても楽しいです。普段は勝てない相手を協力して倒すことができます。人数を4人、5人…と増やし、勝ち抜きにしても楽しいでしょう。複数の人とする場合は、すぐとなりの人と(片手ずつで)押し合います。

遊びの効果
≫ 平衡性の向上
≫ 腕の筋力の向上

■ 特徴・楽しさ

「手押し相撲」は、手のひらを押したり、フェイントをかけたりして、相手のバランスを崩すことが楽しい遊びです。広いスペースはいらず、2人そろえばすぐにできます。大柄な子が有利ですが、相手が押してきたときにうまく避けることで、タイミングよく勝つことも可能です。

アレンジの方法には示していませんが、例えば片足で立って足の裏で押し合う「足裏相撲」、お尻で押し合う「尻相撲」など、さまざまな工夫ができます。子どもにアレンジの方法を考えさせても楽しいでしょう。

壁の近くで行うとバランスを崩してぶつかる危険がありますので、注意しましょう。

図1

図2

図3

ペアタッチ

遊び方

・2人組を作ります。
・図1のように手をつなぎます。
・スタートの合図で、腕を引いたり、力を緩めたりしながら相手のバランスを崩し、決められた身体の部位(膝、お尻、肩)に触った人の勝ちです(図2、3)。

アレンジの方法

・図4のようにズボンにタオルを入れ、しっぽとりにしても楽しいでしょう。
・直径2mほどの円を描き、それを土俵として、タッチされなくても土俵から出たら負けになるルールにすると(図5)、狭い空間で巧みに動く必要性が生まれて楽しさが増します。

遊びの効果
≫ 巧緻性の向上
≫ 瞬発力の向上
≫ 腕の筋力の向上

■ 特徴・楽しさ

「ペアタッチ」は2人組で遊びます。つないだ手を引いたり緩めたり、足を踏ん張ったり踏み込んだりしながら、もう片方の手で相手の決められた身体部位を触ります。こういった相手との駆け引きが楽しい遊びです。自分の利き腕をつないで行うときと、反対の手をつないで行うときとでは動きの感覚が異なり、違った楽しさを味わうことができます。

単純な遊びですが、かなり激しく動くこともありますから、1ゲームを20秒として時間を区切るとよいでしょう。相手の身体部位を触るときは、強くたたいて痛くならないように配慮しましょう。ぶつからないように、他のペアとはすこし離れて行うと安全です。また、タッチされたら素直に認めるマナーも学びましょう。

図1
※左手どうし
図2
ひざタッチ！
わっ!?
図3
おしりにタッチ！
図4
※タオルをズボンに入れて
図5
よし！勝った！
わっ、土俵から出てしまった！

上か下か真ん中か

遊び方

・5～6人で遊びます。そのうちの2人が、短縄を2本持って向かい合います。
・ほかの子どもは、短縄を持ったペアに背を向けて立ちます。
・ペアは「上か、下か、真ん中か」と言いながら（図1）、しゃがんで地面に付けたり、背伸びして高くしたりして、短縄を操作します。
・ペア以外の子は、「上」「下」「真ん中」を選択して振り返ります。
・短縄の状態を確認し、「上」と言った子は2本の短縄の上を、「下」と言った子は2本の短縄の下を、「真ん中」と言った子は2本の短縄の真ん中をくぐります（図2）。
・自分の指定した通りに短縄を通過できなかったら、鬼と交代します。

アレンジの方法

・短縄を操作するときに、「上」「下」「真ん中」すべてが可能な状態にするのではなく、例えば図3のように、「下」だけ通過できないようにするなど、ペアで工夫すると楽しいでしょう。

特徴・楽しさ

「上か下か真ん中か」は、ペアは2つの短縄を子が通過できないように操作し、ペア以外の子は短縄を巧みな動きで越えたりくぐったりすることが楽しい遊びです。短縄はある技の回数に挑戦することが楽しい運動だと思われがちですが、こういった楽しみ方もでき、巧みな動きが要求されるため様々なスポーツの準備運動にもなります。「上」を選択した子どもが助走をつけてジャンプすると、短縄に足を引っかけて着地の際にケガをする恐れがありますので気を付けましょう。実施当初は、多少短縄に触れてもよいルールにすると、遊びがやさしくなってよいでしょう。

遊びの効果
≫ 柔軟性の向上
≫ 巧緻性の向上

図1
上か下か真ん中か!?
上。
真ん中。
下。
図2
上はジャンプするよ!
真ん中はむずかしそう……、
下はくぐるよ。
図3

ゆりかご遊び

遊び方

・マットを敷き、図1のように座ります。
・後ろへ（後転のように）転がり、その反動で足のほうに体を揺り戻します。
・ゆりかごのように繰り返し、図2のように立てると成功で、この動きが基本形となります。
・腕を振って勢いをつけると成功しやすいでしょう。

遊びの効果
≫ 柔軟性の向上
≫ 巧緻性の向上

アレンジの方法

・慣れてきたら、図2右のように、お尻を浮かした姿勢から勢いをつけて挑戦してみましょう。
・図3のように向かい合って、「じゃんけんぽい」とじゃんけん遊びにしても楽しいです。あいこの場合は繰り返します。
・複数の子どもと手をつないで、息を合わせて起き上がっても楽しいです（図4）。

図1

図2

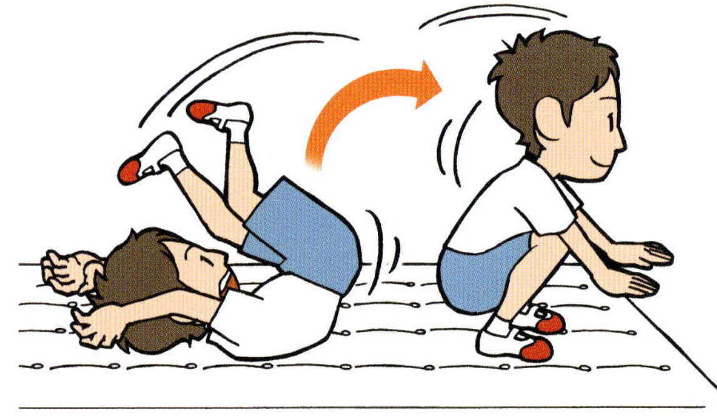

■ 特徴・楽しさ

「ゆりかご遊び」は体を前後ろに揺らしながら、非日常的な感覚を味わったり、スムーズに起き上がったりすることを楽しむ遊びです。アレンジの方法で示したように、じゃんけん遊びにすると楽しさが増し、知らず知らずのうちに前転や後転の動きを身に付けることが可能です。また、やや柔軟性に欠け、器械運動が苦手な子どもであっても、仲間と手をつないで行うことで起き上がることができ、転がるという基本的な運動感覚を経験することができます。

畳や布団でも行うことができ、家庭において親子で楽しむこともできます。

ボール送り競争

遊び方

・10名程度で1つのチームを作り、一列に並びます。
・開始の合図で、先頭からボールを送ります(図1)。
・送り方は、股の間、頭の上(図2)、身体の横(図3)です。はじめは送り方を統一して行いましょう。
・一番早く最後尾の人までボールを送ったチームの勝ちです。

アレンジの方法

・最後尾まで送ったら、最後尾の人が先頭になるように全員が「クルッ」と回れ右をして送り返す、「往復ボール送り競争」という楽しみ方もあります。
・奇数の人は股の下、偶数の人は頭の上というように、互い違いに異なる動き方でボールを送っても楽しいでしょう。

遊びの効果
- 柔軟性の向上
- 巧緻性の向上
- 協調性の向上

図1

特徴・楽しさ

「ボール送り競争」は、チームで協力してボールを素早く送ることが楽しい遊びです。ボール操作が苦手な子が、まずはボールに慣れるためには最適の遊びです。知らず知らずのうちに、ボールを両手でしっかりと受けたり渡したりする動作を身に付けることができます。

バスケットボールで行うとき、テニスボールで行うとき、風船で行うときでは、受けたり渡したりする感覚が異なります。さまざまなボールで挑戦すると楽しいでしょう。もしボールを落としてしまっても、初めから行うのではなく、落とした子が拾って継続するようにしましょう。

体ジャンケン

遊び方

・2人組を作ります。
・図1のように体でグー、チョキ、パーを表すことを約束します。
・「最初はグー、ジャンケンポイ」のかけ声でジャンケンします(図2)。あいこなら「あいこでしょ」と勝負がつくまで繰り返します。

遊びの効果 ≫ 柔軟性の向上

アレンジの方法

・相手と話し合い、ジャンケンのポーズを変えても楽しいでしょう。
・リーダー対全員という対戦にして、誰が最後までリーダーに勝ち続けるかを競っても楽しいでしょう。
・負けたら、「馬跳び5回」「勝った人の周りを10周」などと罰ゲームを加えると、スリルと運動量が増します。

図1

グー

※小さい体操すわり

チョキ

※アキレスけんのばし

パー

※体を大きくひらいて

特徴・楽しさ

「体ジャンケン」は身体を大きく動かすジャンケン遊びです。グーで屈伸したり、チョキでアキレス腱を伸ばしたり、パーで身体を大きく開いたりすることで、ストレッチ効果があります。運動時でなくても、生活のなかでジャンケンが必要になった際に、腕ではなく体ジャンケンを行うことで楽しくなり笑顔になれます。

身体を大きく動かすことで心は解放され、初めて出会った仲間との緊張をほぐすことが期待されます。また、小学校で行われる表現運動の準備運動にも最適です。身体と心はほぐれ、身体を大きく使った表現運動の動きを生み出すことが可能となります。

よく似た遊びに「加藤清正の虎退治」があります。これは、「○槍→×虎」「○虎→×女性」「○女性→×槍」というルールで（○は勝ち、×は負け）、全身を用いて槍で突く、虎、女性のまねをしてジャンケンをする遊びです。このように、自分たちでさまざまな動きをジャンケンにして遊ぶと楽しいでしょう。

図2

コミュニケーション・表現

キャッチ

遊び方

・ペアを作り、向かい合って座ります。
・お互いが右手で輪っかをつくり、相手の左手の人差し指を第２関節まで入れます。
・リーダーの「キャ、キャ、キャ…、キャッチ！」の合図で右手は握って人差し指を捕まえ、左手は握られないように人差し指を抜きます。
・うまく相手の人差し指をキャッチして、さらに自分の人差し指を抜くことができたら勝ちです。

アレンジの方法

・複数人で輪になって、両隣の人と行っても楽しいでしょう（図1）。
・右手をお皿のように開き、左手をげんこつにして行ってもよいでしょう（図2）。
・リーダーが「キャッチ！」だけではなく、「キャベツ」「キャンディー」などとフェイントをかけると子どもは喜びます。

遊びの効果

≫ スキンシップ体験
≫ 敏捷性の向上
≫ 握力の向上

■ 特徴・楽しさ

この遊びは、リーダーの「キャッチ！」という声に素早く反応して、相手の人差し指を握ること、また自分の人差し指を抜くことが楽しい遊びです。そのため、敏捷性の向上が期待されます。握るという動きから握力の向上も期待できます。
「キャッチ！」の声に素早く反応したり、または「キャベツ」といったフェイントに引っかからないようにしたりするなど、集中力が必要とされます。ざわざわしていても、リーダーが「キャ、キャ、キャ…」と言いだすと静かになり、緊張感が漂う雰囲気を楽しむことができます。

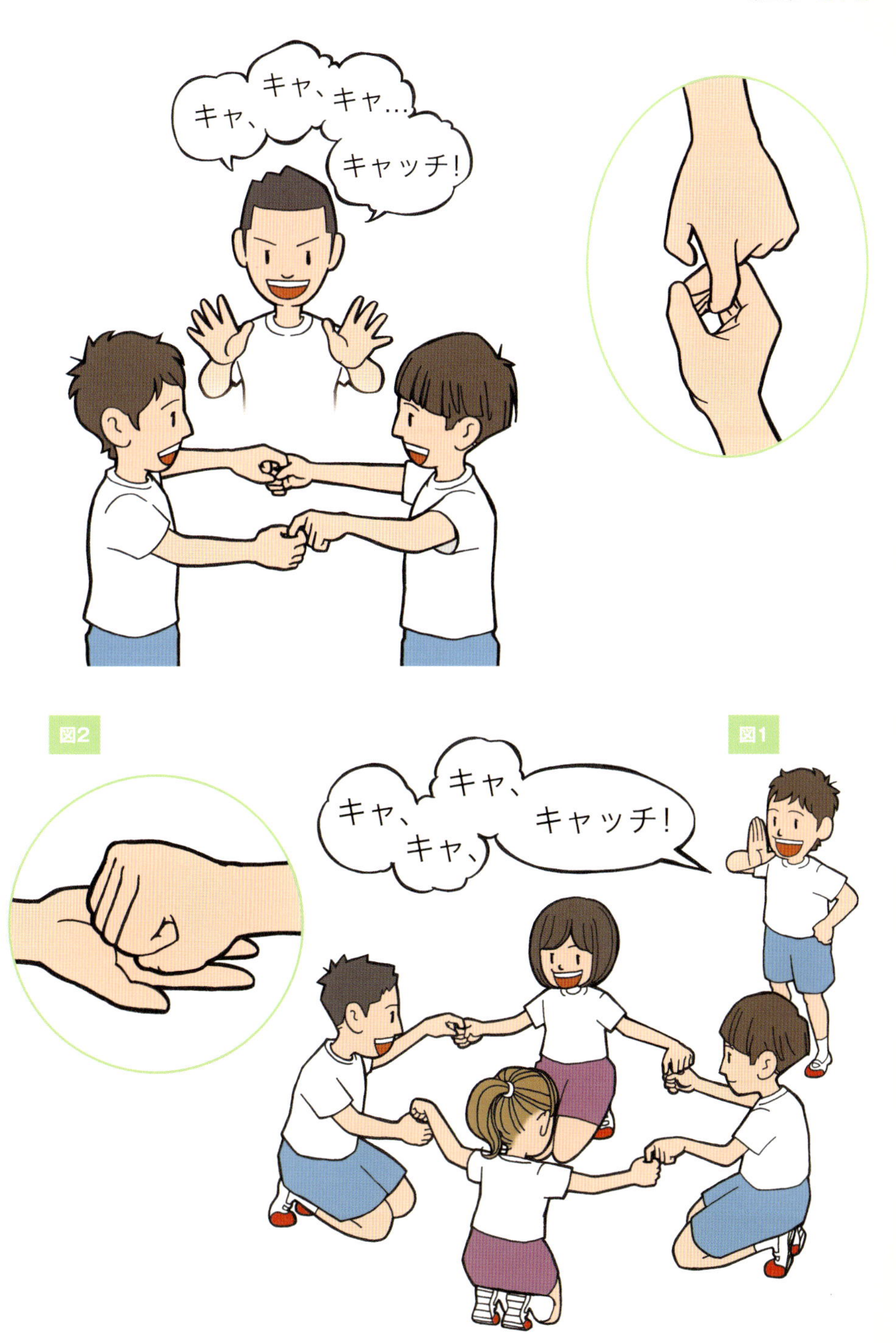

キャ、
キャ、
キャ…
キャッチ！
図2
図1
キャ、
キャ、
キャ、
キャッチ！

ブレーメンの音楽隊

遊び方

・図１のように円を描き、各円の中で４人一組になり、ブレーメンの音楽隊（「ニワトリ」「ネコ」「イヌ」「ロバ」）を決めます。
・「ニワトリ」→「ネコ」→「イヌ」→「ロバ」の順で座り、前の人の肩に両手を置きます。
・4人組から余った子が鬼役になります。
・鬼の「どろぼうが来たぞ～！」の合図で、ブレーメンの音楽隊は解散し、ほかの円の中に向かって走り、そこで再び「ニワトリ」→「ネコ」→「イヌ」→「ロバ」の順で座り、前の人の肩に両手を置きます（図２）。
・鬼は自分の好きな動物になることができますが、ほかの子は違う動物になることはできません。
・ブレーメンの音楽隊に入れなかった子が次の鬼になります。

アレンジの方法

・鬼の数を増やすと難易度が増して面白いでしょう。
・話をするのを禁じて、それぞれの動物の鳴きマネだけで実施すると難易度が上がると同時に、楽しさが増して盛り上がるでしょう（図３）。
・円と円との間隔を広くしたり、中心を挟んで反対側の円に行くようなルールを追加したりすると運動量が増加します。

特徴・楽しさ

この遊びは、スポーツ少年団において幼児や新入団員を迎える際の導入のワークとして考案したもので、協調性などの心理的要素の向上が期待されます。また、アレンジによって運動量を増やすことで、敏捷性や走力といった体力要素の向上が期待されます。

ネコがいないグループが一生懸命ネコを呼ぶ姿が見られたり、逆にグループに入れていないイヌの子が一生懸命イヌのいないグループを探す姿が見られたりします。この遊びを通して、子どもたちは自然な形で、自分が必要とされる、「受容」という体験をすることができるため、主体性や積極性を育むために効果的な遊びです。また、動物の鳴きマネで実施するアレンジをすることで、協力が必要な非言語コミュニケーションにより他者とのつながりを深める効果も期待できます。

遊びの効果

- 協調性の向上
- 敏捷性の向上
- 走力の向上

図1
どろぼうが来たぞー！
ニワトリ
ネコ
イヌ
ロバ
図2
ぼくネコ！
わたしイヌ！
ネコおいでー！
そろったー！
ネコとニワトリいませんかー！
なに？
ぼくネコ！
コケコッコー！
ニャーオ。
ロ、ロバ…？
図3

木とリス

遊び方

・3人組を作り、木役の子を2人、リス役の子を1人決めます。
・木役の子は立ったまま手でアーチを作り、リス役の子は木の間にしゃがみます。
・3人組に入れなかった子はオオカミ役になります。
・オオカミが大きな声で①〜③のいずれかの合図を言いゲームがスタートします。
①「きこりが来たぞー」→木役の子がバラバラになり、ほかのリスの上に移動してアーチを作ります。
②「オオカミが来たぞー」→リス役の子がほかの木の下に移動します(図1、2)。
③「嵐が来たぞー」→全員がバラバラになり新しい3人組で木とリスになります(このとき、木とリスが入れ替わっても構いません)。
・オオカミは、木にもリスにもなることができます。
・3人組に入れなかった子が次のオオカミ役になります。

アレンジの方法

・3人グループ間の距離を、両手間隔や大股3歩などに広げることで、運動量を調整することが可能です。
・鬼ごっこ形式にして、オオカミにタッチされたらオオカミ交代というルールにしても楽しいでしょう。
・オオカミが2人の場合は、「きこりが来たぞー」のときに、木役の子が手をつないだままほかのリスのところに移動するルールにすると、ペアで協力し合う動きになり楽しいでしょう。

遊びの効果
≫ 協調性の向上
≫ 敏捷性の向上
≫ 走力の向上

■ 特徴・楽しさ

この遊びは、敏捷性や走力などの体力要素や協調性などの心的要素の向上が期待されます。オオカミの合図に応じて、素早く身体を動かしたり、走ったりするため、敏捷性や走力が求められる遊びです。また、仲間と協力して素早く3人組を作る必要があるため、協調性が求められます。

言葉によるコミュニケーションやアイコンタクトなどの非言語コミュニケーションによって、瞬時に相手を選ぶ行動が見られます。受容・共感されるリラックスした雰囲気のなかで、自らの判断で主体的に関わる体験は、幼児や低学年の子どもの自信につながり、自律性や主体性を育むために効果的な遊びです。

図1

図2

ぽこぺん

遊び方

・基点となる木や壁を設定し、鬼を1人決めます。
・子たちが「ぽこぺん、ぽこぺん、誰が突っついた」と言いながら、子の1人が鬼の背中を突っつきます(図1)。ここで鬼が当てれば交代し、突っついた子が鬼になります。
・外れた場合は、鬼は目をつむって決められた数(50くらい)を数えます。その間に、子は隠れます。
・鬼は子を探し、見つけたら基点に戻り、「A君、ぽこぺん」のように基点に触れながら言います(図2)。見つかった子は基点で待ちます。全員を見つけたら、鬼の勝ちです。最初に見つかった子が鬼になって再開します。
・鬼が探しているうちに、隠れていた子が基点までたどり着き、基点に触れながら「ポコペン」と言うと子の勝ちです(図3)。鬼の子は継続して再開します。

アレンジの方法

・「ぽこぺん」ではなく、「缶けり」にしても楽しいでしょう。
・低学年で行うときは、「かくれんぼ」のようにやさしい遊びにしても楽しいでしょう。
・人が隠れやすい場所で行いましょう。人数に応じて隠れる範囲を変えると楽しさが変化します。

特徴・楽しさ

「ぽこぺん」は、かくれんぼと鬼ごっことを併せたような遊びです。「ぽこぺん、ぽこぺん、誰が突っついた」という掛け声のなかで、誰が突っついたかを鬼が予想して当てることが楽しく、これは缶けりにはない面白さです。かくれんぼのように、見つかりにくい場所を探し、息を潜ませて隠れることも楽しいものです。

隠れている子を見つけても、鬼は基点まで早くたどり着き「A君、ぽこぺん」と言わなくてはいけません。子は見つかっても全速力で走り、鬼よりも早く基点にたどり着いて「ぽこぺん」と言えば、勝ちになります。ここでは鬼ごっこのようなスリリングさを味わうことができます。

遊びの効果

- 走能力の向上
- 判断力の向上
- コミュニケーション能力の向上

図1
ぽこぺん、ぽこぺん、だれがつっついた！
オニ
図2
A君ぽこぺん！
さっきみつかったよ～。
A
みつかったー。

図3
ぽこぺん！
あっ!?

グリコ

遊び方

・階段や道路などで遊びます。
・スタート地点とゴール地点を決めます。
・スタート地点でジャンケンをします(図1)。グーで勝ったら「グリコ」と言いながら3歩、チョキで勝ったら「チヨコレイ(ー)ト」と言いながら6歩、パーで勝ったら「パイナップル」と言いながら6歩進みます。これをゴール地点まで繰り返します(図2)。
・最初にゴールまでたどり着いた人が勝ちです。

アレンジの方法

・例えば、グーは「グロウ(ー)ブ」で4歩、チョキは「チョウチョ」で5歩、パーは「パイ」で2歩などと、言葉と歩数を変えても楽しいでしょう。
・道路で行うときは、大股でジャンプするように動くことで運動量が増します(図3)。

遊びの効果

≫ コミュニケーション能力の向上
≫ 走能力の向上
≫ 判断力の向上

■ 特徴・楽しさ

「グリコ」はジャンケンと双六とを併せた遊びです。子どもはジャンケン遊びが大好きです。それに移動する「競争」を加えることで楽しさが増します。

例えば学校の階段で4階まで上がることを競争してもよいですし、車の交通量が少ない道路の電柱と電柱との間で競争してもよいでしょう。ジャンケンという勝ち負けに偶発性のある遊びを用いることで、年齢差や体格差があっても競争における勝敗の未確定性が担保され、みんなで楽しむことができます。

階段であれば、1段ずつではなく1歩で2段や3段ずつ進むルールにすれば、1段飛ばし、2段飛ばしで大股移動になり負荷がかかります。また、道路のような平面で行うときは、大股ジャンプで移動してもよいことにすれば、遊びながら跳躍力も高まるでしょう。

図1

グー　チョキ　パー

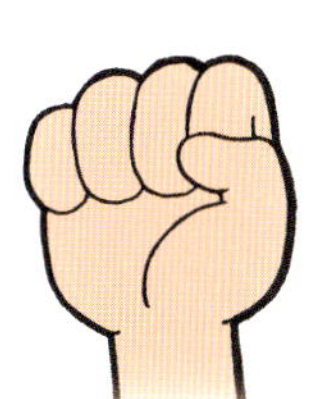

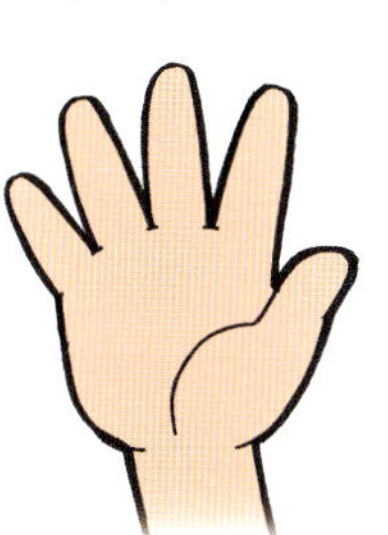

グリコ（3歩）　チョコレイト（6歩）　パイナップル（6歩）

図2

図3

輪くぐり競争

遊び方

・8〜10人で手をつなぎ、大きな円を作ります。
・図1のようにフラフープを腕に通します。
・スタートの合図で身体をフラフープにくぐらせ、1周させます(図2)。
・複数のチームと競争して、一番早く1周したチームの勝ちです。

アレンジの方法

・円ではなく、1列に並んですることもできます。
・フラフープではなく、ビニールひもで行っても楽しいでしょう。
・輪の直径を小さくすると難しさが増します。

遊びの効果

≫ コミュニケーション能力の向上
≫ 巧緻性の向上
≫ 柔軟性の向上

特徴・楽しさ

「輪くぐり競争」は仲間と協力して、フラフープなどの輪を素早くくぐることが楽しい遊びです。手をつないでいるため、直接はフラフープを持つことができません。輪をくぐろうとしている隣の人の動きに合わせたり、待っている人は動き方を指示したりすることが必要になります。

ほかのチームと競争しても楽しいのですが、1周する時間を測定し、自分たちの記録に挑戦しても楽しむことができます。順番を待っている人が応援すると、さらに盛り上がるでしょう。

普段は腰の辺りで回して遊ぶことの多いフラフープですが、輪くぐりのほかにも縄跳びのように跳んだり、スピンをかけて戻ってくる輪をくぐったり(跳んだり)と、多様な遊び方があります。

図1

図2

王様だるまさんが転んだ

（動物バージョン）

遊び方

・鬼を決めて、壁や木などの基点となる位置に立ちます。
・子は、20m程度離れた場所に横一列で並びます。
・子は「はじめの一歩」の掛け声で１歩前進します。
・鬼は「だるまさんが○○」と言います。「○○」は動物の名前です。
・子は鬼が「だるまさんがライオン」と言ったら、ライオンのまねをして止まります。鬼が指示する動物のまねができなかったり、素早く止まれなかったりしたら、鬼がいる基点まで行き、図１のように手をつなぎます。
・これを繰り返し、鬼に捕まった最初の子にタッチし、「切った!!」と言えば、子は逃げることができます。鬼は「ストップ」と言い、子を止めます（図２）。
・「切った」と言った子が指定する歩数を鬼は移動し、近くにいる子にタッチできれば、鬼は交代です。

アレンジの方法

・動物の名前と動き方をあらかじめ3つ程度指定しておくと、鬼の指示にもとっさに対応でき、幼児は楽しむことができます。
・動物の名前ではなく、「かけ足」「ジャンプ」などの動作を指示して、止まることなくその動作を継続させると運動量が確保でき、楽しいでしょう。

遊びの効果

- 巧緻性の向上
- 全身の筋力（運動の種類による）の向上
- 表現力の向上

特徴・楽しさ

通常の「だるまさんが転んだ」をアレンジした遊びです。鬼は自分の好きな動物を指示できて楽しいですし、子は即興で動物のまねをすることが楽しい遊びです。ライオンならよつばいになったり、手を大きく開いて口を表現したりするでしょう。ツルでしたら片足で立ったり、両腕を羽のように広げたりして表現するでしょう。指定される動物によって、さまざまな動作をすることができます。

例えば「ワニ」であれば、腕立て伏せの姿勢をとることを約束しておけば、腕の筋力を高めることが期待できます。このように事前に動きを指定することで、効果的に体力を高めることができるでしょう。

図1

図2

新聞紙に変身

遊び方

・ペアを作り、Aは新聞紙を1枚持ち、Bと向かい合います。
・Aは新聞紙を上へ投げたり、折り畳んだり、丸めたり、破ったりします。
・Bは新聞紙の動きをまねます（図1～3）。
・AとBは交代しながら遊びます。
・新聞紙のさまざまな動きを、まねることが楽しい遊びです。

遊びの効果
≫ 表現力の向上
≫ 柔軟性の向上

アレンジの方法

・大人数で、リーダーを１人決めて遊んでも楽しいです。
・新聞紙ではなく、ビニール袋や布などを用いても楽しいでしょう。
・新聞紙をもつ人が声を出さずに、素早く様々な形に変えていくと、楽しさが増します。

図1

特徴・楽しさ

「新聞紙に変身」は、新聞紙の動きをまねることが楽しい遊びです。また新聞紙を持つ子どもにとっては、上へ投げてひらひらさせたり、折り畳んだり、丸めたり、破ったりと新聞紙の形状を自由に変えることで、まねる子どもの動きを引き出すことも楽しさの１つです。

幼少期の子どもは、何かをまねることが大好きです。例えば、動物の動きをまねたり、テレビに映る歌手のダンスをまねたりする姿はよく見られます。新聞紙という身近なものを使ってまねる遊びを通して、子どもは多様な動きを身に付けることができます。

第　章

ACP指導者
相談室
～子どもが元気いっぱいに遊ぶために～

Q1 異学年でも楽しく、効果的に遊べる遊びを紹介してください。また、その際のポイントと注意点についても教えてください。

A 昔は地域に遊びの中心となる高学年の子がいて、その子を核に日が暮れるまで子どもは群れて遊んでいました。鬼遊び、ろくむし、ゴム跳び、めんこ…、筆者が子どもの頃、さまざまな遊びをしながら、年齢が少し上のお兄さんに憧れ、その遊び方を見てまねをしたり、自分もお兄さんのように遊びのリーダーになりたいと思ったりしたものです。

しかし、こういった地域での遊びは減少し、その結果、同じ学齢の子ども同士で遊ぶことが多くなりました。小学校での休み時間は、クラスの仲間と遊ぶことが多いですし、スポーツ少年団は学齢でチーム編成をする場合が多いため、異学年の子どもと活動することは少ないようです。そのため、異学年が一緒に遊ぶには、まずは大人が環境を整える必要があります。例えば、準備運動は異学年で行う、昼食は異学年で食べ、昼休憩は一緒に遊ぶなどです。初めのうちは大人が異学年で活動する場を設定し、そのなかで遊びを行ったり促したりします。

提供する遊びの種類について悩む必要はありません。どのような遊びであっても、ルールや場を工夫すれば異学年で遊ぶことはできます。例えば「ねことねずみ」（120〜121ページ）を行うとき、低学年はゴールライン寄りに立つ、徒競走のスタートのように構えて立つなどとハンディキャップを設ける工夫をすれば、異学年であっても楽しく遊ぶことは可能です。指導者が子どもの頃に行って楽しかった遊びや、子どもが通う学校で流行っている遊びをアレンジして行ってもよいでしょう。

私たち大人はスポーツ活動に遊びを導入するとき、「この遊びは○○に効果的だ」と考えがちです。例えば「王様ドッジボール」（136〜137ページ）をすれば、「投能力が身に付くはずだ」という具合です。もちろん、これは重要ですが、子どもは投能力を高めたいから遊んでいるわけではなく、その遊びが純粋に楽しいから遊ぶのです。ある研究によると、運動によって得た身体的効果は、その運動を継続しなければ数日でなくなってしまうそうです。つまり、運動遊びの効果を確かなものにしたいのであれば、継続して遊ぶことが重要となります。

子どもが継続して遊ぶための1つの方策として、異学年での遊びの活用を挙げることができます。異学年での遊びを導入する場合、初めは指導者の手を借りることが必要ですが、徐々に高学年の子どもがプレイリーダーとなり、低学年の世話をして遊ぶようになります。指導者の手を借りずとも、子どもたちで遊びの空間を創るようになるのです。

子どもたちは自ら「楽しめる遊び」を工夫してつくり出します。それはきっと継続されることでしょう。つまり、指導者がきっかけを与えることで、その遊びの取り組みは、昔の地域で見られた異学年での遊びの空間に変化していくと考えられます。あまり難しく考えず、無理に教えようとはせずに、子どもに「どうやったら異学年で楽しく遊べると思う？」と問いながら始めてみてはいかがでしょうか。

（佐藤善人）

Q2

運動遊びを取り入れたいと思っていますが、主運動が減ってしまうことが気がかりです。遊びと主運動とのバランスはどの程度を目安とすればよいでしょうか。また、そのバランス次第では周りの保護者や指導者から反対されてしまうことも予想されます。どうすれば納得してもらえますか。

A 結論からいうと、遊びを行うのは少しの時間でよいのです。例えば、準備運動後に鬼遊びを10分程度行うなどです。子どもは、野球少年団に野球をプレーするために来ています。保護者も子どもが上達することを望んでいますし、指導者も野球の指導のために休日を返上して参加しています。それぞれの種目の活動を大切にすることは当然です。

一方で、保護者やほかの指導者に対して、遊びを実施することへの理解を促すことを忘れてはいけません。その理解が深まれば、時には少し長めの遊びを実施したとしても、トラブルに発展することはないでしょう。遊びには、以下の例のような身体的効果や社会心理的効果、知的学習効果が期待されます。

① 身体的効果

ある野球少年団では、準備運動で20mダッシュを数回実施していました。単調なため、子どもはラスト5mから力を抜いて走り、指導者は「最後までしっかり走れ!!」と叱らなくてはならない状態でした。しかし、「追って、追われて」(116~117ページ)を取り入れたことで、終了までの数十秒間、子どもは全力で走り続けるようになりました。ゲーム性があるため楽しみながら行い、走能力が向上しました。

② 社会心理的効果

あるサッカー少年団は「ペアこおり鬼」(140~141ページ)を実施しています。この鬼遊びでは、鬼にタッチされて凍っている子を、あらかじめ決めたペアが助けに行かなくてはいけません。ペアこおり鬼をすることで、仲間を助けようと努力したり、仲間に助けられて感謝したりする態度が養われました。

③ 知的学習効果

ある陸上少年団では「ボール送り競争」(180~181ページ)を実施しました。例えば、「今回の記録は

20秒だから、次回は19秒を目指そう」とか「素早くボールを送るには次の人がもらう準備をしよう」「背の順で並ぶとボールを渡しやすい」などと、子どもは自発的に工夫をし始めます。「遊ぶ」という言葉は、「学ぶ」とは対義語のように捉えられがちですが、実は子どもの遊びには多くの学びが含まれています。ここで培われた創造する力は、小学校で学ばれている教科学習においてプラスに働くと思われます。

こういった遊びの効果を保護者やほかの指導者にしっかりと説明して、その上で遊びを実施することが大切です。きっと理解は得られるはずです。遊びに期待される効果は、理論編、遊び編で述べてきた通りです。

なお、幼児や低学年に対しては、主運動につながる遊びの時間を多くとることを忘れてはいけません。発達段階に応じて遊びの時間の軽重を検討する必要があるといえます。

（佐藤善人）

Q3 性格的に仲間になかなか溶け込めない子どもがいます。そんなタイプの子でも夢中になって取り組める遊びがあれば、ぜひ教えてください。

A 44ページからの「心を育むACP」でも触れましたが、心理社会的発達段階説(Erikson, E.H.,1950)では、人間の一生を8段階に分け、それぞれの段階で獲得すべき課題が設定されています。各段階の課題には、肯定的側面と否定的側面とが対となって設定されていますが、子どもたちの心理的発達は、家庭環境や社会環境の影響が大きく、必ずしもすべての段階で肯定的側面の課題を十分に獲得できるとは限らず、否定的側面の発達課題を抱える子どもも少なくありません。今回の「仲間になかなか溶け込めない子ども」のような場合も、幼児期から学童期までの否定的側面の発達課題を抱えていることが考えられます。

しかし、たとえある段階で肯定的部分を身に付けることが十分にできなくても、その後の発達段階で不足した部分を埋め、補うことも可能です。実は子どもたちが集団で外遊びを活発に行っていた時代は、遊びを通して仲間からの受容・共感やスキンシップを体験し、我慢や頑張ることが必要とされるなかで、自然にそれらを補うことができていたのです。

さて、今回のように否定的側面の発達課題を抱える子どもたちへの遊びプログラムを考えるとき、発達課題の肯定的側面を補うことができるような「場・しかけ」づくりを意図的に行うことが大変重要になります。具体的には、スキンシップと仲間づくり(受容・共感)の要素を含む遊びの導入が効果的です。ただし、導入に際して気を付けなければならないポイントとしては、不安な心理状態にある子ど

ACP指導者
相談室
～子どもが元気いっぱいに遊ぶために～

もたちを決して急かさず、「見守る」「待つ」というコーチング的関わりをすることです。子どもたちの「自発性」「積極性」を引き出すポイントは、遊びの内容以上に指導者の関わり方次第といっても過言ではないでしょう。以下に遊びの例を紹介します。

①「手押し相撲」(172~173ページ)

大人数だとなかなか仲間に溶け込めない子どもも、少人数で行うことができ、スキンシップもとることができるため、比較的短時間で仲間に溶け込むことが容易な遊びです。初めは指導者が溶け込めない子どもとペアを組んで遊びをスタートし、遊びに夢中になってきた段階で、徐々に仲間との関わりに発展させるとよいでしょう。

②「手つなぎ鬼」(写真)

タッチすると鬼が交代する鬼ごっこと違い、タッチされても1人きりではなく、仲間が増え、手をつないで夢中になって走るうちに自然にスキンシップがとれるため、徐々に不安心理が軽減され、仲間に溶け込むことが期待できる遊びです。初めは指導者が鬼となり、まず溶け込めない子どもにタッチして、共にほかの子どもを追いかけ、鬼を増やしていきながら仲間との関わりを増やしていくとよいでしょう。

③「こおり鬼」(138~139ページ)

鬼を交代することがないため、溶け込めない子どもが一緒に活動しても、遊びの進行が滞ることがない遊びです。溶け込むことが苦手な子どもにとっては、遊びに参加しつつ、周りを観察することができるため、徐々に仲間に溶け込む心の準備ができます。また、仲間にタッチしてもらい、助けてもらう体験を通して、スキンシップと受容・共感の効果により、自らも徐々に仲間に関わっていくという行動変容が期待できます。

(吉田繁敬)

Q4 ACPを取り入れたら、チームにこんな変化があったという事例があれば、ぜひ教えてください。

A 筆者も、自らが指導するスポーツ少年団（剣道）で2012年4月からACPを導入し、約1時間の剣道の稽古のうち、ウォーミングアップとして初めの30分を遊びの時間としています。導入後、最初に明らかになった子どもたちの変化は、活動への出席率が上がったことです。しかも、道場へ入ってくる子どもたちの表情が、導入前に比べニコニコしていて明るく、「今日は何をして遊ぶのかな？」と楽しみにしている様子が伝わってくるようになりました。それまでは親に言われて渋々道場へやってくる子もいましたが、ACP導入後は「子どもたちが自発的に道場へ向かうようになった」という声が多くの保護者から聞かれるようになりました。

トレーニングとしてのウォーミングアップは、子どもたちにとって、毎回同じことを指導者から“やらされている”という心理が働きやすいのに対し、遊びは、子ども自身の“やりたい”という内発的な動機づけによる活動になるため、子どもたちの「自律性」「積極性」「勤勉性」を引き出すことが期待できるのです。また、遊びの導入は、活動プログラムを多様化し、子どもたちの集中力を持続させる効果があるため、遊び後の稽古での剣道技能習得の効率アップにもつながりました。

さて、ACPがもたらす効果にはさまざまなものがありますが、具体的には204～205ページで紹介されたように、身体的効果、社会心理的効果、知的学習効果が期待されます。ところが、多くの指導者はACPの導入に際して、社会心理的効果や知的学習効果よりも身体的効果への期待が大きいようです。

ACP指導者
相談室
～子どもが元気いっぱいに遊ぶために～

ACPは子どもの発達段階に応じた体力向上プログラムの普及啓発のために作成されたものですから、子どもたちへの身体的効果を期待するのは当然のことでしょう。

遊びによる子どもたちへの身体的効果は、短期的な活動によって顕著に表れるのではなく、中長期的な継続（運動の習慣化）の結果、徐々に表れます。それに対して社会心理的効果は、前述のスポーツ少年団の例のように、比較的早い段階で表れます。つまり、遊びによる「自律性」「積極性」「勤勉性」などの子どもたちの心の成長（社会心理的効果）が、その継続につながり、結果として子どもたちの多様な動きの習得などの身体の発育発達（身体的効果）が期待できるのです。

（吉田繁敬）

Q5

20代の指導者です。書籍などで学んだ運動遊びを子どもに紹介するのですが、どうも盛り上がりません。どのように運動遊びを導入すると、子どもは生き生きと活動するのでしょうか。

A 書籍やインターネットには、さまざまな運動遊びが紹介されています。子どもの頃に運動遊びを行った経験が乏しい指導者が、そういった情報を積極的に活用して指導に当たられるのは素晴らしいことです。きっと、子どもたちは多様な運動を経験し、結果としてさまざまな動きを獲得できるはずです。

しかしながらご質問にあるように、調べた運動遊びをそのまま子どもに提供しても、楽しめる場合とそうでない場合があります。子どもが楽しんでいるのであれば、その運動遊びは子どもの実態に適しているのでしょうし、そうでなければ、子どもの実態と乖離した運動遊びを提供していることになります。例えば、幼児はルールが複雑で難しい運動遊びを楽しむことができません。反対に、高学年に幼児向けのやさしい運動遊びを紹介しても退屈で楽しめないでしょう。つまり、子どもが生き生きと活動するためには、目の前の子どもの実態に即した運動遊びを提供しなければいけないのです。

ここで重要な指導者の資質として、子どもの実態や運動遊びをしている様子・表情を捉えて、行う運動遊びをアレンジする力が挙げられます。本稿では、場の工夫、ルールの工夫、用具の工夫の3点に絞って、運動遊びのアレンジの仕方の具体例を紹介したいと思います。

ACP指導者
相談室
～子どもが元気いっぱいに遊ぶために～

1. 場の工夫
～ドカーンじゃんけんの場合

小学校の校庭には半分ほど埋め込まれたタイヤが並んでいることがあります。この上を走りながら「ドカーンじゃんけん」(170～171ページ)を行うと盛り上がります。このタイヤを使ったドカーンじゃんけんを楽しむには、不安定なタイヤをバランスよく素早く走る力が必要であり、高学年に適した運動遊びだといえます。ドカーンじゃんけんを低・中学年で行うのであれば、床にマットを敷いて安全を確保した上で、平均台を用いて行うと楽しむことができるでしょう。幼児を対象に行うのであれば、地面に石灰でラインを引いて平面で実施すると、安全に楽しむことができます。また、長縄を用いてラインに見立てれば、その都度、縄のコースを自由に変更できるという面白さもあります。

2. ルールの工夫
～こおり鬼の場合

「こおり鬼」(138～139ページ)という鬼遊びがあります。鬼にタッチされると子はその場で凍ってしまって動けなくなり、仲間に助けてもらうことで復活できるという遊びです。これは、低・中学年の子どもに大変人気があります。人気がある理由として、シンプルなルールである上に、豊富な活動量が確保されていることが挙げられます。

ところが、高学年になるとルールがやさしすぎて楽しく遊べない子どもが出てきます。その場合、ルールにアレンジを加え、少し難しくすると楽しめます。例えば「バナナ鬼」という、こおり鬼の発展型があります。鬼にタッチされた子が凍るとき、バナナになって両腕を上げます。仲間はバナナの皮をむくように凍った子の腕を下げなくてはいけません。通常のこおり鬼であれば1回タッチすれば解凍できるのですが、バナナ鬼の場合は2度腕を下げなくてはならず助けるのは難しくなります。仲間を助けるハードルが高くなることでスリリングさが増し、高学年の子どもはより楽しむことができます。もちろん、人数に応じて鬼の数を増やしたり、逃げる範囲を広くしたりする簡単なルール変更だけでも、楽しさは増します。

3.用具の工夫
～ドッジボールの場合

一口にドッジボールといっても、例えば「王様ドッジボール」(136~137ページ)のようにさまざまな種類があります。どんなドッジボールであっても、ボールの選択が重要です。一般的なドッジボールを行う場合、低学年に重くて硬いボールは適さないでしょう。あまり大きすぎても、低学年は上手に投げることはできません。反対に、高学年になり勢いのあるボールを投げられるようになると、軟らかいボールはキャッチする際に胸で弾んで捕りにくくなります。

一方、「転がしドッジボール」を行う場合、低学年であってもやや硬いボールがよいと思われます。軟らかいボールは地面で跳ねてしまい、鬼は投げづらく子は逃げづらくなります。ボールが当たる身体部位は下半身であるため恐怖感が少なく、硬いボールに慣れることにも有効です。このように、遊びの種類、実態に応じて用具を工夫することはとても大切です。

スペースの関係で詳しく述べることはできませんが、季節に応じて行う遊びを決定したり、アレンジを加えたりすることも大切です。冬場であれば走り回る鬼遊びをたっぷりと行うことは可能ですが、夏場であればコートを狭くしたり行う時間を短縮したりする必要が生じてくるでしょう。海に近い、山に近いなど、その地域の特徴によっても遊びは変化してくると思われます。

遊びを紹介し始めると、「次は何をしよう…」と悩まれる指導者もいるでしょう。新しいものばかりを紹介する必要はありません。これまで行った遊びのなかで楽しかったものを子どもに尋ね、それを繰り返し行うとよいでしょう。そして、「どうすれば、もっと面白くなると思う？」と問いかけ、子どもとともにアレンジしていけば、彼らにとってより楽しい遊びになりますし、指導者の負担も小さくなります。

ここで紹介した学年はあくまでも目安です。実際の指導場面では、より臨機応変な対応が求められます。遊びを行っている子どもの様子を観察して、楽しそうでなければいったん中断し、その子どもたちの実態に応じて、場・ルール・用具を工夫してみてください。その結果、指導者と子どもとが一緒に

アレンジした遊びを楽しみ、きっと多様な運動経験を獲得できるはずです。

なお、遊び編では42種類の遊びとアレンジの仕方を紹介しています。ぜひ、参考にしてください。また日本体育協会のHPにもさまざまな遊びが紹介されています。ACPのバナーをクリックしてみてください。（佐藤善人）

日本体育協会のホームページはこちらから。

おわりに

子どもたちが“楽しみながら”“積極的に”からだを動かすことができる。それが“アクティブ・チャイルド・プログラム”です。私たち大人は、子どもにとっての身体活動の意義や、基礎的動きを身に付けることの重要性を認識しつつも、子どもに対しては、好奇心や面白さによる動機付けを大切に指導することが求められています。

日本体育協会発行「みんなで遊んで元気アップ！アクティブ・チャイルド・プログラム」では、子どもが発達段階に応じて身に付けておくことが望ましい動きを習得するための運動プログラムとして、①子どもの体力・身体活動の現状やからだを動かすことの重要性、②多様な動きを身に付けることの重要性や動きの質のとらえ方、③遊びプログラムの具体例としてからだを使った運動遊びや伝承遊び、④身体活動の習慣化を促すアプローチとしてそのポイントや実践例、という4つのテーマについて、紹介・解説しています（右記URL）。

私たちは、「みんなで遊んで元気アップ！アクティブ・チャイルド・プログラム」を発行して以来、全国各地で本書の内容をテーマとする講習会を開催しています。

多くの講習会では、最後の時間帯に質疑応答を行います。ある日の講習会では、次のようなご意見をいただきました。

「子ども時代に運動遊びを経験している生徒は、中学～高校生になってから専門的なトレーニングに取り組むことで競技力が飛躍的に伸びるようである。一方、子ども時代に運動遊びを経験していない生徒は、巧みにからだを動かすことができない（多様な動きが獲得できていない）。実は現在、子ども時代に運動遊びを経験していない高校生に遊びを実践させているが、遊びそのものの動きは上達するものの、応用が利かない、スポーツの専門的な動きにつながらないようである。」

このご意見は、高等学校で部活動の顧問をされている先生からご発言いただきました。地元でも有名な強豪校の先生だそうで、指導現場における実感としても、私たちの考えと合致することが確認でき、たいへん心強く感じたことを記憶しております。

なお、後段の、子どもの頃に遊びを経験していない生徒に対するアプローチについては、徐々にそのスポーツ特有の動きを遊びの中で引き出せるよう、遊び方を工夫してみてはと回答いたしました。

もちろん、その効果だけを目的に

遊びを実践するわけではありませんが、子どもの頃の遊びの経験が将来的なスポーツ活動に活かされることで、生涯スポーツの実践・享受に繋がるのだとすれば、すばらしいことだと思います。

また、私たちは、幼児を対象とする指導法や遊び方について、「幼児期からのアクティブ・チャイルド・プログラム」として、新たに発行いたしました(下記URL)。

この制作に際しては、幼児教育の専門家からのご意見も内容に反映させています。ある幼稚園で体育・スポーツ指導を専門とされる先生から、日頃の指導において下記のようなことを配慮していると仰っていたのが印象的でした。

①遊び心をもつ：幼児を楽しませるため、演出や表現方法を工夫し、幼児とのかけひきを楽しむ。

②教えすぎない：遊びを成立させるための基本的なことを伝えた後は、子どもの自由な発想を尊重する。

③学び続ける：指導のコツは日常生活のなかにも溢れている。より良い指導を実践できるよう指導者自身が学び続ける。

幼児の指導に関わる際には、これらのポイントを心掛け、そして、すべては遊びの楽しさを子どもたちに伝えることを目的として、指導に臨みたいと思います。

読者の皆さんには、遊びによって、相当な身体活動量と、多様な動きを引き出すことが可能であるとご理解いただけたことと思います。そのためには、目の前の子どもたちの発育・発達段階を把握し、その子たちにとって適切な環境を提供することが必要となります。本書を参考にしていただき、それぞれのフィールドで活躍されることを期待します。そして、運動・スポーツが大好きな子どもたちを育み、豊かな生活を送ってもらえること祈ります。2015年1月　青野　博

日本体育協会ホームページにて公開中

http://www.japan-sports.or.jp

デジタルブックのご案内

http://saas4.startialab.com/acti_books/1045174608/20524/

http://saas4.startialab.com/acti_books/1045174608/20558/

ACP

アクティブ・チャイルド・プログラム

子(こ)どもの心(こころ)と体(からだ)を育(はぐく)む楽(たの)しいあそび

2015年1月31日　第1版第1刷発行

編著者　佐藤(さとう)　善人(よしひと)　／　青野(あおの)　博(ひろし)
監修　公益財団法人　日本体育協会
発行人　池田哲雄
発行所　株式会社ベースボール・マガジン社
〒101-8381
東京都千代田区三崎町3 - 10 - 10
TEL:03(3238)0181（販売部）
TEL:025(780)1238（出版部）
振替口座　00180－6－46620
http://www.sportsclick.jp/
印刷/製本　共同印刷株式会社

※定価はカバーに表示してあります。

※本書の文書・写真・図版の無断転載を禁じます。
※本書を無断で複製する行為（コピー、スキャン、デジタルデータ化など）は、私的使用のための複製など著作権法上の限られた例外を除き、禁じられています。業務上使用する目的で上記行為を行うことは、使用範囲が内部に限られる場合であっても私的使用には該当せず、違法です。また、私的使用に該当する場合であっても、代行業者等の第三者に依頼して上記行為を行うことは違法となります。

※落丁・乱丁が万一ございましたら、お取り替えいたします。

©2015　Yoshihito Sato, Hiroshi Aono

Printed in Japan
ISBN978-4-583-10793-6　C2075